高等学校规划教材

乒乓球教程

主编 虞荣安 阴甜甜 毛 煜

西北工业大学出版社

西安

图书在版编目(CIP)数据

乒乓球教程/虞荣安,阴甜甜,毛煜主编. —西安：西北工业大学出版社,2020.12(2023.8重印)
ISBN 978-7-5612-7502-3

Ⅰ.①乒… Ⅱ.①虞… ②阴… ③毛… Ⅲ.①乒乓球运动-教材 Ⅳ.①G846

中国版本图书馆 CIP 数据核字(2020)第 267083 号

PINGPANGQIU JIAOCHENG
乒 乓 球 教 程

责任编辑：张　友	策划编辑：张　晖
责任校对：朱晓娟	装帧设计：董晓伟

出版发行：西北工业大学出版社
通信地址：西安市友谊西路 127 号　　邮编：710072
电　　话：(029)88491757，88493844
网　　址：www.nwpup.com
印 刷 者：兴平市博闻印务有限公司
开　　本：710 mm×1 000 mm　　1/16
印　　张：12.5
字　　数：245 千字
版　　次：2020 年 12 月第 1 版　　2023 年 8 月第 2 次印刷
定　　价：48.00 元

如有印装问题请与出版社联系调换

前　言

乒乓球运动具有很强的竞技性、趣味性、知识性和观赏性，在我国有着广泛的大众基础，深受广大学生的喜爱。为了适应乒乓球运动发展及普通高等学校体育教学发展的需要，遵循普通高等学校教育教学的特点，针对普通高等学校学生实际情况，我们编写了这本适合于高校校园体育的乒乓球教材。

本书对乒乓球运动的起源、发展，乒乓球基本技术、基本步法、基本规则等都进行了阐述，内容浅显易懂，有很强的实用性，以期帮助学生更全面地了解乒乓球运动，接触到目前最先进的乒乓球技术，提高对乒乓球的兴趣，更好地学习乒乓球，为"终身体育"奠定基础。同时希望本书能帮助基层体育教师更好地进行教学，将先进的乒乓球理论知识和技术教给学生。

本书主要作为普通高校体育教学用书，也可以作为体育教育专业教师、教练员的教学训练参考用书及广大乒乓球爱好者自学的指导用书。

本书作为西北工业大学校规划教材，由虞荣安教授负责拍摄技术动作照片和统稿工作，由阴甜甜（西北工业大学体育部教师）负责第一章至第五章的编写工作，由毛煜（西北工业大学体育部教师、国际级裁判）负责第六章的编写工作。

值此成书之际，感谢西安体育学院研究生郝莉菱为本书的编写整理资料，以及西北工业大学乒乓球队张弘超、王明超、曾德耀、房雨婷，西北工业大学出版社钟文雨为本书图例进行动作示范。感谢他（她）们为本书编写工作的顺利进行做出的贡献。

在编写本书的过程中，参考和借鉴了一些专家和学者的研究成果和著作，在此表示真诚的感谢。

由于水平有限，虽然竭尽所能，书中仍难免存在疏漏，恳请读者和专家给予批评与指正，以便日后修订与完善。

编　者
2020 年 7 月

目 录

第一章 绪论 ………………………………………………………… 1
第一节 乒乓球运动的起源与发展 …………………………………… 1
第二节 中国乒乓球运动的发展概述 ………………………………… 8
第三节 国际乒乓球联合会 …………………………………………… 11
第四节 世界乒乓球顶级赛事 ………………………………………… 13

第二章 乒乓球基本理论 …………………………………………… 22
第一节 基本概念与术语 ……………………………………………… 22
第二节 击球的基本环节和动作结构 ………………………………… 27
第三节 提高击球质量的五要素 ……………………………………… 34
第四节 乒乓球运动器材知识概述 …………………………………… 46

第三章 乒乓球主要基本技术 ……………………………………… 52
第一节 基本站位与准备姿势、握拍方法 …………………………… 52
第二节 直拍推挡技术 ………………………………………………… 56
第三节 直拍横打技术 ………………………………………………… 59
第四节 正手攻球技术 ………………………………………………… 65
第五节 横拍反手技术 ………………………………………………… 75
第六节 发球技术 ……………………………………………………… 82
第七节 接发球技术 …………………………………………………… 96
第八节 搓球技术 ……………………………………………………… 99
第九节 弧圈球技术 …………………………………………………… 106
第十节 台内侧拧技术 ………………………………………………… 111
第十一节 削球技术 …………………………………………………… 112
第十二节 结合技术 …………………………………………………… 114

第四章 乒乓球的基本步法 ………………………………………… 127
第一节 步法的作用及发展趋势 ……………………………………… 127

  第二节 步法的基本划分与技术分析…………………………………… 128
  第三节 步法的训练方法…………………………………………………… 133

第五章 乒乓球教学与练习方法………………………………………………… 135
  第一节 乒乓球教学原则…………………………………………………… 135
  第二节 乒乓球动作技能形成规律………………………………………… 136
  第三节 乒乓球教学方法…………………………………………………… 138
  第四节 乒乓球基本练习方法……………………………………………… 140

第六章 乒乓球竞赛规程与组织编排………………………………………… 152
  第一节 乒乓球比赛规则…………………………………………………… 152
  第二节 双打规则…………………………………………………………… 158
  第三节 国际竞赛规程…………………………………………………… 160
  第四节 竞赛官员…………………………………………………………… 166
  第五节 竞赛组织…………………………………………………………… 174

参考文献………………………………………………………………………………… 194

第一章 绪 论

第一节 乒乓球运动的起源与发展

一、乒乓球运动的起源

乒乓球运动项目从19世纪80年代开始,到今天已经有了100多年的发展历史。但乒乓球的真实起源一直充满悬疑和未知,从来没有被完全确认,不同的国家和地区在不同的历史时期流行着类似乒乓球运动的游戏是完全可能的,最早记载乒乓球的文字来源于19世纪晚期的英国。

由于受到网球运动的启发,在一些英国大学生中流行着一种类似现在乒乓球运动的室内游戏,叫作"高西马"(Goossime)或"弗利姆-弗拉姆"(Flim-Flam)。最初使用的是小胶皮球,在一个有限的场内相互对打,球经常飞出界外,还很容易碰坏装饰品和吊灯。也曾经使用过软木球,但因软木球弹性太差而很快被淘汰了。大约在1890年,有位名叫詹姆斯·吉布(James Gibb)的英格兰人到美国旅行时,偶然发现了一种用赛璐珞制成的空心的玩具球,弹跳力很强。于是,他就将这种球稍加改进后,逐步在英国和世界各地推广起来。因在桌上击球时发出乒乒乓乓的声音,英国一家体育用品公司将其称为"乒乓"(Ping Pang)用在广告中,乒乓球由此得名。

乒乓球最初是一种宫廷游戏,是贵族间的一种娱乐活动。当时打球的人都穿着晚礼服或长裙,而且还有专门捡球的佣人。后来这种活动逐渐传入民间,成为人们喜爱的运动项目。当时乒乓球游戏的方法也无统一的规则约束,球台规格及球网的高度均无统一规定。比赛计分有一局10分、20分,甚至还有100分一局的。发球的方法也无严格限制,但从网球中有所借鉴,要求在本方球台的后方台面以上高度发球,这不能不说是一个巨大的进步。

1880年,英国一家体育器材用具公司开始刊登乒乓球器材广告。

1884年,"桌上网球"出现于英国,英国人把这项运动称为"wiff‐waff"。

1886年,"桌上网球"进入英国埃尔斯公司的体育器材的目录中。

1890年,英格兰的大卫·福斯特(David Foster)推出他发明的室内桌球游戏,并在英国申请了专利(专利登记号为11037)。

1891年,大卫·福斯特推出室内桌球游戏一年后,英国人约翰·杰奎斯(John Jaques)从羽毛球游戏获得启示,发明了"高西马"游戏,并申请了正式的专利(专利登记号为157615)。

1898年,世界最早的乒乓球器材制造公司,英国的杰奎斯公司在全世界首次把这项游戏登记为"乒乓球"。

1901年,"乒乓球"在英国专利办公室注册,12月12日"桌球协会"在英国成立;12月16日,"乒乓球协会"在英格兰成立。

1902年,杰奎斯把专利权卖给匹克斯兄弟公司,匹克斯兄弟公司的器材都标注上"made in American",乒乓球活动开始在美国盛行。

1900—1902年,乒乓球活动传入日本。

1903年4月1日,"桌球协会"和"乒乓球协会"合并为"美国桌球和乒乓球协会",后又改名为"乒乓球协会"。

1904年,上海四马路一家文具店的老板王道平从日本购进乒乓球器材带回上海,他为了推销这些器材,介绍了在日本看到打乒乓球的情况,并亲自做了表演。从此,中国就开始有了乒乓球活动。

1904—1918年期间,乒乓球活动始终停留在游戏阶段。直到20世纪20年代,举行了首届乒乓球邀请赛,乒乓球活动才逐渐引起了人们的重视。

1905—1910年,乒乓球活动传入欧洲的维也纳和布达佩斯。

1926年,艾弗·蒙塔古(Ivor Montagu)领导的国际桌球联合会(ITTF)成立。

1928年,匹克斯兄弟控制的英国大都市的乒乓协会(MPPA)成立,成了匹克斯兄弟美国乒乓协会(APPA)的一个重要分支。

乒乓球运动发展到20世纪初时已经具有在现在的某些特性,每次举行的乒乓球重要赛事都会吸引社会各层的高度关注,在政治、经济、文化方面都产生了重要影响,可以说早期的乒乓球已经初步具备了一种文化形态。在随后的100多年来,乒乓球已发展成为全球主要的运动之一,目前国际乒乓球联合会(简称"国际乒联")有226个成员国协会,已成为了世界第一大国际体育组织,全世界大概有3 000万职业运动员,还有数百万乒乓球业余爱好者。国际乒联和中国乒乓球协会一直致力于推动乒乓球运动在全球的发展。

二、乒乓球运动的发展

乒乓球运动的发展史,从某种意义上讲,是在球拍工具不断革新,使球在速度和旋转之间相互竞争过程中向前推进的,即球拍的演变,总是促进乒乓球运动的发展。

1902年,英国人发明了颗粒胶皮拍,使乒乓球运动由木拍打法单调的时代,进入到胶粒拍使球产生旋转的有趣时代。

1951年,奥地利人发明了黑色厚海绵拍,使击球的速度较之胶皮拍有了较大的提高,而且声音较小,击过去的球使对方难以防御。

1952年,日本人发明了黄色软海绵拍。在第19届世界乒乓球锦标赛(简称"世乒赛")上,日本男队佐藤博治用海绵拍夺得了男单冠军,在一定意义上将乒乓球技术推进到了快速阶段。

1957年,日本人又发明了正胶海绵拍和反胶海绵拍,比纯海绵拍又进了一大步,有利于制造旋转,同时又有很好的速度。反胶海绵拍,即现今大多数人使用的球拍,既能搓削,又利拉冲,扣杀也有速度和力量;正胶海绵拍比较有利于速度和力量的发挥。

1959年,国际乒联通过了对球拍规格化的决定,规定运动员只准使用木拍、胶皮拍以及带胶皮面的海绵拍,并且规定胶皮、海绵的总厚度不得超过4 mm。

1961年,中国运动员在第26届世乒赛上首次使用长胶颗粒拍,张燮林魔术般的直拍削球,"海底捞月"曾倾倒了众多的球迷。

1965年,中国运动员又在第28届世乒赛上首次使用长胶和反胶两面不同性能的球拍。林慧卿、郑敏之使用这种球拍,为中国女队第一次夺得团体世界冠军立下奇功。

1970年,奥地利人发明了防弧胶海绵拍。这类球拍有利于对付弧圈球,不太吃旋转。

当今世界顶级运动员使用的球拍,在规格上并没有新的变化,只是在质地上、性能上更加讲究。总的追求目标是既要有利于制造球的速度和旋转,又要有利于"顶重板"和"少吃转",还要有一定的特异性。如正胶中有一种叫生胶的球拍胶皮,齿粒的粗细疏密、长度,底皮的厚度、硬软程度,反胶面的"吃球"性能,等等,均应根据选手们的个人技术特点差异而做出选择。

乒乓球拍的演变过程如图1-1所示。

现在用的海绵胶皮拍多种多样,有正胶海绵拍和反胶海绵拍,还有防弧胶海绵拍,由于球拍的大小、形状、重量不限,现在又出现了歪把球拍、扣握式球拍、直横式球拍等等。

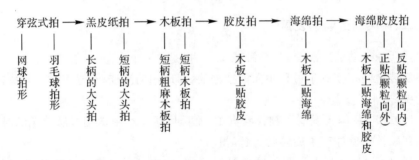

图1-1 乒乓球拍的演变过程

从1926年第一届世界乒乓球锦标赛至今已有近百年的历史,乒乓球运动的发展可以概括为以下几个阶段。

1. 第一阶段(1926—1951年),欧洲鼎盛期,以削球打法为主

最初,运动员们使用木制球拍,速度慢,进攻能力弱。在此期间,共举行了18届世乒赛,除第13届在埃及开罗举行外,其余均在欧洲举行。参加比赛的主要是欧洲人,在此阶段共产生了117项冠军,除美国选手获8项冠军外,其余109项冠军全部为欧洲选手所得。其中成绩最突出的是匈牙利队,获57项半。当时的网高(17 cm)、球台窄、球软,并使用胶皮板,有利于制造球的旋转,便于削球技术的运用,以稳削为主的打法占主导地位。第11届世乒赛之后,比赛规则进行了修订,比赛台面加宽,球网降低,软球改为硬球,并限制了比赛时间,一场3局2胜的单打不得超过1 h,5局3胜的比赛不得超过1 h 45 min,这为攻球技术创造了条件,但削攻打法继续占主导地位,并逐渐发展起来。在运动技术方面,虽然第一个男单世界冠军雅可比和另一个女单世界冠军玛丽亚·梅得杨斯基都是横拍左右开弓的进攻型选手,而且梅得杨斯基连续保持了5年冠军,雅可比也先后4次获得第一名,但其后的乒乓球世乒赛冠军均是以削为主或削攻结合的技术类型打法。其当时的背景和条件是英国人发明了胶粒拍,这种球拍既能进攻又可有效地制造旋转。

2. 第二阶段(1952—1959年),优势转向亚洲,日本长抽打法称霸乒坛

从1952—1959年这8年间,是日本称雄的时期。在运动技术方面,他们以直握球拍的长抽进攻型技术类型打法为指导方向,创造了独具一格的技、战术风格,并在这一阶段始终坚定不移,从而冲破了欧洲的以削为主或削攻结合的"防线",打破了保持20多年优势的欧洲全胜的"神话",并将这一时期乒乓球运动技术发展的方向引导到以攻为主的技术类型打法的轨道上来。而当时的背景和条件是日本人成功地使用了奥地利人发明的海绵拍,日本运动员佐藤博治在第19届世乒赛中,首次成功地运用海绵拍(海绵厚8mm)取得男子单打冠军。1952

年在印度举行的第19届世乒赛,日本队首次参赛,共获得了女子团体、男子单打、男子双打、女子双打4项冠军,震动了世界乒坛。1952—1959年,在第19~25届世乒赛的49项世界冠军中日本队共夺得了其中的24项冠军,占47%。其中男子团体连夺5届冠军,特别是在第25届世乒赛上,日本队获得了7项冠军中的6项(男子单打为中国人荣国团所得),使世界乒乓球的优势从欧洲转到了亚洲。日本选手采用远台长抽打法,这与他们运用海绵拍有密切关系。海绵拍的弹性较大,它不仅能增加速度和力量,而且还能增加上旋球的旋转,形成较大的弧线,提高了大力抽杀时的命中率,同时更具有杀伤力,从此世界乒坛速度与旋转之争开始了。

3. 第三阶段(1960—1970年),中国队崛起,朝鲜队崭露头角

在20世纪50年代日本称霸世界乒坛时,中国也开始登上世界乒坛。从1953年起中国参加世乒赛,第25届世乒赛(1959年)容国团夺得男子单打冠军,之后,中国队总结了经验教训,在技术上保持了快和狠的特点,狠抓基本功训练,加强了速度和击球的准确性以及变化性的训练,提高了对削球的拉攻技术水平,逐渐形成和创造了以"快、准、狠、变"为技术风格的独特的直拍近台快攻打法。在1961年第26届世乒赛中,中国队先后战胜了削球打法的欧洲各队和远台长抽加弧圈球打法的日本队,第一次获得男子团体世界冠军(见图1-2)。接下来,中国队连续获得了第27届、28届世乒赛男子团体冠军,震撼了世界乒坛。在这时期共产生的21项冠军,中国运动员就夺得了11项,占总数的52%,这说明,20世纪60年代中国乒乓球的技术水平已位居世界乒坛的最前列。中国近台快攻打法的优点是站位近、速度快、动作灵活,正反手技术运用自如,比日本远台长抽打法更先进。

图1-2 第26届世乒赛中国队获得男团冠军

在运动技术方面,中国队这一独特的近台快速进攻技术类型打法及旋转多变,并配以有效反攻的积极防守技术类型打法,将这一时期的乒乓球运动技术发

展方向引导到快速、旋转、进攻与防守有机结合、全面发展的轨道上来。这一技术打法其背景和条件是成功地把日本人的进攻与欧洲人的防守及旋转变化有效地结合起来,从而在一定的意义上将乒乓球运动推向了快速和技术全面发展的新时期。

20世纪60年代后期,中国队没有参加第29届、30届世乒赛,7项冠军是在日本与欧洲、朝鲜各队之间争夺的。在第29届世乒赛中,朝鲜男队连续打败了欧洲强队,夺得了团体亚军,女队也取得了优异成绩,成为世界强队之一。

4. 第四阶段(1971—1980年),欧洲复兴,中国队重整旗鼓

在亚洲,特别是日本和中国的乒乓球运动正在向前发展,技术水平处于世界领先地位时,欧洲乒乓球选手一直处于探索和动荡之中,他们从失败和挫折中总结经验教训,学习并发展了日本人的弧圈球技术,吸取了中国近台快攻打法的长处,创造了适合他们的以弧圈球技术为主结合快攻的打法和以快攻为主结合弧圈球技术的打法。前者"弧快",即以弧圈球为主,结合快攻,以匈牙利的克兰帕尔·约尼尔为代表,后者"快弧",即以快攻为主,结合弧圈球,以瑞典的本格森、波兰的格鲁巴为代表。上述两种打法的特点是旋转较强,速度较快,能拉能打、低拉高打,正、反手都能拉弧圈球,回球威胁较大。他们把旋转和速度紧密结合起来,把乒乓球技术推到一个新水平。

20世纪70年代以来,我国近台快攻打法也有一定的提高和发展,创新了正、反手高抛发球,发展了推挡技术中的加力推、减力挡和推挤弧圈球,增加了正手快拉小弧圈、正手快带弧圈球等技术。这些新技术在世乒赛上显示了一定的威力。另外,我国直拍快攻结合弧圈球打法,也取得了较大的成绩,削攻结合打法和以削为主的打法,较好地掌握与运用两面不同性能的胶皮,在发球、搓球、削球、拱球与挡球等技术方面,有所发明和创新,也达到了世界先进水平。我国横拍快弧打法的运动员,在一系列国际比赛中,也战胜了不少著名的欧洲选手,取得了良好的成绩,在第31~39届世乒赛中,中国队共获得42枚金牌(包括男、女团体各7枚,男单5枚、女单7枚、男双3枚、女双6枚和混双7枚),占金牌总数的66.6%。

在运动技术方面,欧洲人经过长期实践的摸索,创造了把中国的快攻技术与日本的弧圈球技术有机结合起来的全攻型"弧快"技术类型打法;以中国为代表的亚洲人则经过长期实践的摸索,创造了符合自己特点的快攻与弧圈球技术有机结合的以全攻型"快弧"技术类型打法为主,各种技术类型打法为辅的技术类型打法。

欧亚对抗时期将乒乓球技术发展方向引导到了"速度"与"旋转"、"快攻"与"弧圈"的对立统一的轨道上来。而这两种运动技术类型打法之所以是当时的发

展方向,其背景和条件是欧洲人找到了适合自己发展的以快攻为主,结合弧圈球的"快弧"技术类型打法,从而在某种意义上将乒乓球运动推到了全面发展、互相渗透、有机结合、日趋完善的时期。

5. 第五阶段(1981—1990年),中国登上世界之巅,欧亚对抗激烈

1981年,中国队在第36届世乒赛上囊括7项冠军及5个单项的亚军,创造了世界乒坛55年来由一个国家包揽全部冠军的空前纪录。此后,在第37届、38届、39届世乒赛上,中国队又连续3次夺得6项世界冠军。但在1989年的第40届世乒赛上,中国队成绩滑至低谷,男队丢了团体、单打、双打冠军。

整个20世纪80年代,欧洲与中国的竞争成为当时乒坛的主旋律,中国男队从登顶到跌入低谷,都是与欧洲队交手的结果。以世乒赛男团决赛为例:第36届,中国男队5比2胜匈牙利队;第37届,中国男队5比1胜瑞典队;第38届,仍然以5比0胜瑞典队;第39届,以5比0再胜瑞典队;到了第40届,却以0比5败在瑞典人手下。并且在第41、42届世乒赛中欧洲运动员利用他们强烈的旋转以及先进的打法冲破中国队的防线,连续夺得冠军,站上乒坛之巅。这说明世界乒坛已进入了欧亚激烈对抗时代。

6. 第六阶段(1991年至今),"世界打中国"局面的形成

自乒乓球项目1988年进入奥运会以后,欧洲乒坛职业化迅速发展,各种比赛频繁,加上待遇优厚,极大地促进了欧洲乒乓球技术的发展。在第41届世乒赛上,欧洲男队囊括了团体前5名,以瑞典为首的欧洲男队,已领先于中国队和亚洲各队。

中国男队走出低谷,从男双项目最先有所突破,由第40届世乒赛的第三名开始,一直升至第42届的男双金、银、铜牌以及混双金牌。

第43届世乒赛中国队的全胜,改变了自20世纪80年代末至90年代中期世界乒坛的实力次序,第44届世乒赛上,中国男女队再次保持荣誉,勇获6金。1999年第45届世乒赛单项比赛,中国队又一次大获全胜,包揽了5个项目的冠亚军。但在第二年举行的第45届世乒赛团体赛上,中国队再一次负于老对手瑞典队,失去了斯韦思林杯。

乒坛的奥运会时期,奖牌含金量大大增加,极大地提高了全世界乒乓健儿的训练热情,欧洲各个强队集中训练,矛头直指中国队。赛场的争夺更加紧张激烈、扣人心弦。亚洲的韩国、日本、朝鲜、新加坡,我国的台湾、香港地区各个强队也积极训练和引进人才,为奥运会能取得好成绩做准备。从1988年汉城奥运会开始,乒乓球正式进入奥运项目,至2016年共举行了8届奥运会,中国乒乓球健儿夺得了28块金牌,占金牌总数的87%,足以说明我国在世界乒乓球运动中的绝对统治地位,形成了"世界打中国"的局面。而在东京奥运会这个新的周期里,

日本运动员迅速崛起,男队拥有中国血统的少年小将张本智和,他曾在2018年世界乒联巡回赛总决赛中击败中国选手获得总冠军。而日本女队的平野美宇、伊藤美诚也都曾在国际大赛中接连战胜中国冠军队员。在2020年世界乒联的最新世界排名中,伊藤美诚紧追陈梦脚步,排名第二。他们都是中国乒乓球队在东京奥运会中的最强劲对手之一。同样,中国乒乓球队在近年的表现依旧十分抢眼,男队员马龙、许昕、樊振东依旧是国乒绝对主力,樊振东也俨然成了国乒男队新的领军人物,2018年、2019年狂揽多枚金牌,荣登世界排名第一位。同时林高远、梁靖崑、王楚钦也在迅速成长,各自独当一面。而女队员中的陈梦、刘诗雯、朱雨玲、王曼昱、孙颖莎等在2018年、2019年大赛中也不断交替夺冠。中国乒乓球队有了这些源源不断的新生力量,也使得我们更加期待我国乒乓球健儿在第32届东京奥运会中的精彩表现。

在这群雄逐鹿的局势中,面对日本的迅速崛起,中国队认真调整战略部署,积极创新打法与训练方法,精心培养新力量,力争在激烈的竞争中继续保持领先地位。

第二节 中国乒乓球运动的发展概述

1. 乒乓球运动传入中国和发展初期

乒乓球运动传入中国的具体时间和地点,一直存在争议。多数文献和史料中描述为:"在1904年,上海商人王道平将乒乓球引入上海"。李荣芝经查阅多种资料后佐证,"乒乓球传入中国的时间应该是在1901年或之前,地点是天津"。这一论断颇具信服力。通过查阅地方志、年鉴、近代体育史志等资料,发现广州、福州、威海这几个沿海城市的乒乓球活动出现也较早。这一时期,西洋租界在中国各地建立,其中的部分会馆已有乒乓球活动的踪迹。

我国萌芽时期的乒乓球运动是在1916—1920年,从沿海大城市首先开展起来,以上海、广州两地较早一些。随后是内地的一些大城市,而且首先是从基督教青年会内推广起来的。

1923年首次举办了乒乓球对抗赛。同年,全国乒乓球联合会在上海成立。从此,乒乓球在中国不仅仅只作为一项娱乐活动,它开始成为一种技能、体力的比赛。

当日本的乒乓球运动比较盛行时,我国的乒乓球活动开始与日本接触,当时我国出售的球拍、球、球台都是从日本来的,所以华东、华北一带直拍打法的人比较多,这与日本的影响较深较早是密切相关的。1925年3月,中华队与日本侨联队在上海举行秋山杯赛,这是中国选手第一次参加国际比赛,也是中日乒乓球选手第一次对抗。首次对阵,中国队9∶2大胜日本队。1927年4月,中华队抵大阪迎战全日6支劲旅,最后以4胜2负获得胜利。中华队首次远征凯旋后,曾给全国乒乓球运动一次大推动。

受英美的影响较深,横拍打法由英国人首先传入香港,再传入广州,这样广州就逐渐成为我国横拍打法开展的地区。杭州举办锦标赛,无锡、苏州都组织了乒乓球队,南京、镇江、北京、天津、大连等地乒乓球活动兴起,港澳队频频来内地比赛,苏、杭、宁、沪间组织城市联赛,平、津、沪、澳间搞埠际对抗,乒乓球运动得到较为广泛发展。1930年中华队参加在东京举行的第9届远东运动会乒乓球比赛,战绩不佳,中国乒坛从此沉寂。

1935年中华全国乒乓球协会成立,乒乓球开始在中国被列为正式的体育项目。

2. 新中国乒乓球运动的蓬勃发展

新中国成立以来,1952年10月在北京举行了第一次全国乒乓球比赛大会,与此同时中华全国体育总会乒乓球部加入了国际乒联,从此全国乒乓球群众活动迅速发展起来,每年都要举行各种不同层次的全国性的乒乓球比赛。

1953年春,中国乒乓球队首次参加了在布加勒斯特举行的第20届世乒赛。在比赛中,中国队虽打败了奥地利、瑞典、西德等队,但却分别败于英国、匈牙利等强队。在团体赛中,中国男队被评为第一级第十名,女队被评为第二级第三名。1954年夏,中国乒乓球队去匈牙利参加了第12届世界大学生运动会,获得男单第三、四名,女单第三名,男双第三名,总分仅次于匈牙利居第二,开始引起国际乒乓球界的注意。1955年8月,中国乒乓球队又参加了在华沙举行的第2届国际青年友谊运动会的乒乓球比赛,获得了男单第二、三名,女单第三名,混双第二名的好成绩。1956年3月,在东京第23届世乒赛中,中国男队比赛成绩上升为第一级第六名,女队由二级队升为一级队。1957年,在斯德哥尔摩的第24届世乒赛中,中国男、女队分别战胜了罗马尼亚、英国等强队,初步显示了中国式近台直拍两面攻和左推右攻打法的威力。中国男队由第一级第六名升为第一级第四名,女队由第一级第十一名升为第一级第三名。在这3届世乒赛中,中国乒乓球队成绩呈稳步提升态势,球队竞争力令世界乒坛瞩目。

1959年,中国乒乓球队取得了历史性的突破,在第25届世乒赛上,中国选手容国团过五关斩六将,为中国夺得第一个男子单打世界冠军。整个中国队也以跃进的姿态夺取了5项第三名,有6名男选手进入前16名。这标志着中国乒乓球队已进入世界强队的行列。从此,中国乒乓球队勇夺世界冠军有了一个极其重要的良好开端。

20世纪60年代初,中国乒乓球队吹响了向世界乒乓球运动技术高峰全面冲击的号角。利用在北京举行的第26届世乒赛的有利时机,将全国108名优秀的乒乓球选手调到北京,进行集中训练,从中选出70名男女选手组成平均年龄只有 21 岁的中国乒乓球队,队中既有酷似日本队主力队员打法的弧圈球选手,又有类似欧洲稳固防守打法的削球手,而主力队员则大多为中国式直拍近台快攻打法的选手。在第 26 届世乒赛中,中国乒乓球队充分显示了实力,首次夺得了男子单打冠军以及 4 项第二名和 8 项第三名。中国乒乓球队在第 26 届世乒赛上的战绩,有力地推动了全国乒乓球运动的蓬勃发展。第 26 届世乒赛后,乒乓球成为中国的"国球",迅速在全国普及,中国成为世界上打乒乓球人数最多的国家。中国创立的直拍近台快攻,成为 60 年代较为先进的打法。

1963 年布拉格第 27 届世乒赛中,中国队取得了男子团体、男子单打、男子双打 3 项冠军,2 项第二名,7 项第三名,保持了领先地位。两年后,中国乒乓球队在第 28 届世乒赛中,男、女队共获得 5 项冠军,5 项第二名,6 项第三名,创造了中国队有史以来的最好成绩。国际上普遍承认中国是"世界头号的乒乓球运动强国"。据不完全统计,第 28 届世乒赛后,全中国有近 9 000 万人不同程度地参加了乒乓球运动。

1965 年以后,由于历史的原因,中国乒乓球队没有参加第 29、第 30 届世乒赛。进入 20 世纪 70 年代后,各国乒乓球技术的迅速提高,尤其是欧洲乒乓球技术打法的创新和发展,使力量对比发生了很大的变化,从 1971 年到 1979 年,中国乒乓球队在第 31~35 届世乒赛中,共取得男子团体冠军 3 次,男子单打冠军 1 次,男子双打冠军 1 次,女子团体冠军 3 次,女子单打冠军 3 次,女子双打冠军 3 次,男女混合双打冠军 3 次,占 5 届世乒赛冠军总数的 48%。表面上看起来成绩还算可以,而实际上已无优势可言。因为在代表乒乓球运动水平的 3 个男子比赛项目中,中国只获得了 5 次冠军,只占冠军总数的 1/3。尤其是 1979 年第 35 届世乒赛上,中国队只获得了女子团体、女子单打、女子双打和混合双打冠军,3 个男子项目的冠军皆被外国选手夺走。这一次男队的全面失利,引起了中国乒乓球界的震动。

中国乒乓球队根据世界乒乓球运动的发展趋势,在保持和发扬直拍快攻打法特长技术的前提下,开始学习和掌握适当的旋转技术,力求达到以速度为主,辅以旋转,争取在比赛中做到能快攻则快攻,不能快攻则以一定速度的旋转与对方相持,然后再转为快攻,发挥速度,这在一定程度上增强了快攻打法的技术实力。与此同时,中国乒乓球队大胆起用新人,较好地完成了新老交替工作。1988 年,乒乓球运动首次被列入奥运会正式比赛项目,在本次比赛所设的 4 个项目中,中国队获得了男子双打和女子单打 2 枚金牌,而男子单打和女子双打的金牌却被东道主韩国队夺得。

乒乓球运动自从进入了奥运体育大家庭后,引起了世界各国的高度重视。欧洲选手经过一段时间的失败挫折后,打法已趋成熟,技术更加全面。而中国队则在长期的胜利中隐藏了失败的因素。中国传统的直拍近台快攻打法没有重大的革新,关键技术缺乏重大突破,因而技术与打法的发展相应缓慢。1989年在多特蒙德举行的第40届世乒赛上,中国男队卫冕失利,以0∶5的悬殊比分输给了打法先进、富有朝气的瑞典队。接着,在男子单打、男子双打和混合双打的决赛中,都没有了中国选手的身影。虽然最后女队捧回3座奖杯,保住了优势,但男队则连半个冠军也没捞到,这是中国乒乓球队30年来败得最惨的一次。

1991年,在日本千叶县举行的第41届世乒赛上,中国队获得女子单打、女子双打、混合双打3项冠军。女队2∶3输给了朝鲜队,屈居亚军。男队以2∶3败给了捷克斯洛伐克队,接着又0∶3输给朝鲜联队,仅获第七名,跌入了历史的低谷。

第41届世乒赛后,中国乒乓球队进行了认真的总结,认识到必须坚持"唯有创新,才有出路"的方向。继承和发展多种打法,将传统的直拍正胶打法在反面贴上反胶进行技术改进。横拍全攻型打法力求在速度、节奏变化及前三板上有所突破,同时具备自己的特色。在继承传统的快速、多变、灵活的技术风格特点的基础上,要求技术全面、特长突出,没有明显的漏洞;既有速度又有旋转,以速度为主;既能在近台作战,也能在中远台相持,以近战为主;正反手都能进攻,以正手为主。因此,在1995年第43届世乒赛中,中国队又一次囊括了7项冠军。2016年中国乒乓球队在里约奥运会中顽强拼搏、奋勇争先,取得了4枚金牌和2枚银牌的优异成绩,圆满完成参赛任务。同时,运动员在场上表现出的高昂斗志、顽强作风,展现了强大的正能量,赢得了全国人民的广泛关注。

截至2019年11月10日,中国乒乓球队116人成为世界冠军,共获得240枚金牌,其中奥运会金牌28枚,包括6个团体冠军,22个单项冠军;世乒赛金牌145枚,包括42个团体冠军,103个单项冠军;世界杯金牌67枚,包括21个团体冠军,46个单项冠军(含1个女双冠军)。

荣耀,始终与中国乒乓球队相伴而行。国球,又提醒中国乒乓人勿忘使命。所以,一次次"从零开始",贯穿着中国乒乓的过去与现在,将来注定也如影随形。

第三节 国际乒乓球联合会

一、国际乒乓球联合会简介

1926年1月15日,在勒赫曼(Lehmann)博士(德国)的倡导下,在德国柏林举行了一次座谈会。会议决定成立国际乒乓球联合会(简称"国际乒联"),并决定第一次国际乒联全体代表大会和第一届欧洲锦标赛(即第1届世界乒乓球锦标赛)于当年12月在英国伦敦同时举行。

1926年12月12日,在伊沃·蒙塔古的母亲斯韦思林女士的图书馆举行了第一次全体会议,通过了国际乒联章程:国际乒联的主要宗旨是协调规则,促进乒乓球运动在全世界开展,筹备和组织世界乒乓球比赛。伊沃·蒙塔古当选第一任国际乒联主席。

二、历任国际乒乓球联合会主席

1. 伊沃·蒙塔古

国际乒联第一任主席蒙塔古,英格兰人,出身于贵族家庭,享有"多才多艺的国际乒联奠基人"之称。1926年22岁的蒙塔古当选国际乒联主席,担任此职达41年之久,1976年退休后任国际乒联名誉主席。

蒙塔古一生为推动世界乒乓球运动的发展做出了巨大的贡献。蒙塔古担任主席后,使乒乓球从游戏、娱乐活动发展成有比赛规则和规程的一项竞技体育项目,开创了国际竞赛的新纪元。

2. 罗伊·埃文斯

国际乒联第二任主席埃文斯,20岁开始在威尔士打球,有"乒乓先生"之美称,曾长期担任国际乒联秘书,1979年担任国际乒联主席。

由于埃文斯的不懈努力,乒乓球项目列入奥运会比赛项目。在1988年汉城奥运会期间,国际奥委会主席萨马兰奇授予他奥运会银质奖章。

在1987年的国际乒联代表大会上,埃文斯在主席竞选中以39票对65票败给荻村伊智郎,埃文斯成为国际乒联终身名誉主席。目前男子世界杯以他的名字命名,称为"埃文斯杯"。

3. 荻村伊智郎

国际乒联第三任主席荻村伊智郎,16岁开始打乒乓球,代表日本共夺得12个世界冠军。

1970年,荻村任国际乒联理事,后任第一副主席,1987年当选为国际乒联主席。1991年经过荻村的努力,朝鲜南、北双方联合组队参加了第41届世乒赛。国际奥委会于1992年向他颁发了奥林匹克银质奖章。

4. 洛罗·哈马隆德

国际乒联第四任主席哈马隆德,从1958—1970年,一直执教瑞典国家队,1970年当选瑞典乒协主席,1995年被推选为国际乒联主席。

哈马隆德不幸于1995年10月病逝,作为一位国际体育组织的领导人,他在一些竞赛技术和赛制问题上体现了客观公正态度,在世界乒坛留下了不可磨灭的功绩。

5. 徐寅生

国际乒联第五任主席徐寅生,素有"智多星""有胆有识的乒乓球战略家"之称。他是第 26、27、28 届世乒赛男团冠军主力成员,此后担任中国乒乓球队总教练。20 世纪 60 年代那篇脍炙人口的《关于如何打乒乓球》,在毛主席批示后掀起了体育界乃至全国学习辩证法的热潮。从 1977 年开始,徐寅生担任前国家体委副主席,继陈先之后任中国乒协主席;历任国际乒联亚洲区副主席,国际乒联第一副主席,1995 年末当选为国际乒联主席。

为了让乒乓球成为世界上最受欢迎的体育项目之一,徐寅生担任国际乒联主席后广泛听取意见,主张把乒乓球的直径从 38mm 增大到 40mm。

2000 年 5 月 5 日,国际奥委会向徐寅生颁发了奥林匹克勋章。

6. 阿达姆·沙拉拉

第六任国际乒联主席沙拉拉,加拿大人,生于埃及开罗,10 岁开始打球,19 岁进国家队,25 岁任加拿大队教练。

沙拉拉于 1999 年当选国际乒联主席,他在前任徐寅生提出改用大球的提议后,做了大量的工作。2000 年 2 月在吉隆坡举行的第 45 届世乒赛期间,终于将改用大球变为现实,使乒乓球运动的发展走向了一个新的历史纪元。

7. 托马斯·维克特

维克特于 2014 年接任沙拉拉成为国际乒联第七任主席。2017 年 5 月 31 日维克特成功连任国际乒联主席,施之皓当选副主席。维克特在国际乒联年度会员大会上宣布,国际乒联又新接纳了 4 名会员,目前会员数达到 226 个,是世界上拥有最多会员的国际单项体育组织。

第四节　世界乒乓球顶级赛事

一、世界乒乓球锦标赛

世界乒乓球锦标赛(简称"世乒赛")由国际乒乓球联合会主办,每届比赛由国际乒乓球联合会授权比赛地乒乓球协会主办,具有广泛的影响力。

世乒赛分为男女单打、男女双打和混双以及男女团体共七项赛事。首届于 1926 年 12 月在英国伦敦举行,从 1959 年的第 25 届开始改为每两年举办一次。它是国际乒乓球联合会主办的一项最高水平的世界乒乓球大赛,具有广泛的影响力。

世乒赛共设 7 个奖杯:

(1)男子团体赛,斯韦思林杯(Men's Team:Swaythling Cup,1926),它是由

第一任国际乒联主席蒙塔古的母亲斯韦思林女士捐赠的。

(2)女子团体赛,考比伦杯(Women's Team:Morcd Corbillon Cup,1934),它是由前法国乒协主席马赛耳·考比伦先生捐赠的。

(3)男子单打,圣·勃莱德杯(Men's Singles:St. Bride Cup,1929),它是由英国乌德科先生以圣·勃莱德俱乐部命名捐赠的。

(4)女子单打,盖斯特杯(Women's Singles:Geist Prize Cup,1931),它是由前匈牙利乒协主席盖斯特先生捐赠的。

(5)男子双打,伊朗杯(Men's Doubles:Tran Cup,1947),它是由伊朗国王捐赠的。

(6)女子双打,波普杯(Women's Doubles:W. J. Pope Trophy Cup,1948),它是由前国际乒联名誉秘书伟·杰·波普先生捐赠的。

(7)混合双打,赫杜赛克杯(Mixed Doubles:Heydusek Prize Cup,1948),它是由前捷克乒协秘书兹德内库·赫杜赛克先生捐赠的。

世乒赛的所有奖杯都是流动的,获胜者只在奖杯上刻上自己的名字。各项冠军获得者可保持该奖杯到下一届世乒赛开赛前,然后交给新的世乒赛再争夺。唯有男、女单打冠军,如连续3次获得"圣·勃莱德杯"或连续4次获得"盖斯特杯",则由国际乒联制作一个小于原奖杯一半的复制品,永远由获得者保持。世乒赛的7个奖杯都是银质的,如图1-3所示(从左至右分别为斯韦思林杯、考比伦杯、圣·勃莱德杯、盖斯特杯、伊朗杯、波普杯和赫杜塞克杯)。

迄今为止中国只有庄则栋、王楠、马龙因连续三届获得冠军而获得一个复制品。

图1-3 世乒赛奖杯

1.世乒赛团体赛赛制简介

(1)世界乒乓球男子团体锦标赛(斯韦思林杯)的比赛方法。各单位可报5名选手参加比赛,每次比赛双方可以从中挑选3名选手出场。比赛采用9场5胜制(每场比赛采用3局2胜制),以先赢得5场者为胜方。比赛前,双方用抽签的方法选定主、客队。主队3名选手定为A,B,C,客队3名选手定为X,Y,Z。9场比赛的次序为:①A对X,②B对Y,③C对Z,④B对X,⑤A对Z,⑥C对

Y，⑦B对Z，⑧C对X，⑨A对Y。

（2）世界乒乓球女子团体锦标赛（考比伦杯）的比赛方法。各单位可报4名选手参加比赛，每次比赛双方可以从中挑选2名选手参加单打，再从4名选手中任选2名选手配对参加排在第3场的双打。比赛采用5场3胜制（每场比赛亦采用3局2胜制），以先赢得3场者为胜方。比赛前，双方用抽签的方法选定主、客队。主队2名单打选手定为A，B，客队2名单打选手定为X，Y。5场比赛的次序为：①A对X，②B对Y，③双打，④A对Y，⑤B对X。

2.获奖情况

世乒赛部分获奖情况见表1-1～表1-4。

表1-1 团体赛

届数	年份	地点	男子团体冠军	女子团体冠军
第45届	2000	马来西亚吉隆坡	瑞典	中国
第46届	2001	日本大阪	中国	中国
第47届	2004	卡塔尔多哈	中国	中国
第48届	2006	德国不来梅	中国	中国
第49届	2008	中国广州	中国	中国
第50届	2010	俄罗斯莫斯科	中国	新加坡
第51届	2012	德国多特蒙德	中国	中国
第52届	2014	日本东京	中国	中国
第53届	2016	马来西亚吉隆坡	中国	中国
第54届	2018	瑞典哈尔姆斯塔德	中国	中国

表1-2 男子单打

届数	年份	地点	冠军	亚军	季军
第46届	2001	日本大阪	王励勤（中国）	孔令辉（中国）	蒋澎龙（中国台北） 马琳（中国）
第47届	2003	法国巴黎	施拉格（奥地利）	朱世赫（韩国）	孔令辉（中国） 格林卡（希腊）
第48届	2005	中国上海	王励勤（中国）	马琳（中国）	梅兹（丹麦） 吴尚垠（韩国）

续表

届数	年份	地点	冠军	亚军	季军
第 49 届	2007	克罗地亚萨格勒布	王励勤(中国)	马琳(中国)	王皓(中国) 柳承敏(韩国)
第 50 届	2009	日本横滨	王皓(中国)	王励勤(中国)	马龙(中国) 马琳(中国)
第 51 届	2011	荷兰鹿特丹	张继科(中国)	王皓(中国)	马龙(中国) 波尔(德国)
第 52 届	2013	法国巴黎	张继科(中国)	王皓(中国)	马龙(中国) 许昕(中国)
第 53 届	2015	中国苏州	马龙(中国)	方博(中国)	樊振东(中国) 张继科(中国)
第 54 届	2017	德国杜塞尔多夫	马龙(中国)	樊振东(中国)	许昕(中国) 李尚洙(韩国)
第 55 届	2019	匈牙利布达佩斯	马龙(中国)	法尔克(瑞典)	梁靖崑(中国) 安宰贤(韩国)

表 1-3　女子单打

届数	年份	地点	冠军	亚军	季军
第 46 届	2001	日本大阪	王楠(中国)	林菱(中国)	金云美(朝鲜) 张怡宁(中国)
第 47 届	2003	法国巴黎	王楠(中国)	张怡宁(中国)	鲍罗斯(克罗地亚) 李菊(中国)
第 48 届	2005	中国上海	张怡宁(中国)	郭焱(中国)	郭跃(中国) 林菱(中国香港)
第 49 届	2007	克罗地亚萨格勒布	郭跃(中国)	李晓霞(中国)	郭焱(中国) 张怡宁(中国)
第 50 届	2009	日本横滨	张怡宁(中国)	郭跃(中国)	刘诗雯(中国) 李晓霞(中国)
第 51 届	2011	荷兰鹿特丹	丁宁(中国)	李晓霞(中国)	刘诗雯(中国) 郭跃(中国)

续表

届数	年份	地点	冠军	亚军	季军
第52届	2013	法国巴黎	李晓霞(中国)	刘诗雯(中国)	丁宁(中国) 朱雨玲(中国)
第53届	2015	中国苏州	丁宁(中国)	刘诗雯(中国)	木子(中国) 李晓霞(中国)
第54届	2017	德国杜塞尔多夫	丁宁(中国)	朱雨玲(中国)	刘诗雯(中国) 平野美宇(日本)
第55届	2019	匈牙利布达佩斯	刘诗雯(中国)	陈梦(中国)	丁宁(中国) 王曼昱(中国)

表1-4 双打

届数	年份	地点	男双冠军	女双冠军	混双冠军
第46届	2001	日本大阪	王励勤/阎森(中国)	王楠/李菊(中国)	秦志戬/杨影(中国)
第47届	2003	法国巴黎	王励勤/阎森(中国)	王楠/张怡宁(中国)	王楠/马琳(中国)
第48届	2005	中国上海	孔令辉/王皓(中国)	王楠/张怡宁(中国)	王励勤/郭跃(中国)
第49届	2007	克罗地亚萨格勒布	马琳/陈玘(中国)	王楠/张怡宁(中国)	王励勤/郭跃(中国)
第50届	2009	日本横滨	陈玘/王皓(中国)	郭跃/李晓霞(中国)	李平/曹臻(中国)
第51届	2011	荷兰鹿特丹	马龙/许昕(中国)	郭跃/李晓霞(中国)	张超/曹臻(中国)
第52届	2013	法国巴黎	陈建安/庄智渊(中华台北)	郭跃/李晓霞(中国)	金赫峰/金仲(朝鲜)
第53届	2015	中国苏州	张继科/许昕(中国)	刘诗雯/朱雨玲(中国)	许昕(中国)/梁夏银(韩国)
第54届	2017	德国杜塞尔多夫	许昕/樊振东(中国)	丁宁/刘诗雯(中国)	吉村真晴/石川佳纯(日本)

续表

届数	年份	地点	男双冠军	女双冠军	混双冠军
第55届	2019	匈牙利布达佩斯	马龙/王楚钦（中国）	王曼昱/孙颖莎（中国）	许昕/刘诗雯（中国）

二、奥运会乒乓球比赛

1983年10月1日，国际奥林匹克委员会（简称"国际奥委会"）在德国巴登举行的第84次会议上决定，从1988年在韩国汉城（今首尔）举行夏季奥运会开始，乒乓球将列为奥运会的正式比赛项目。经国际乒联与国际奥委会多次协商决定，奥运会的乒乓球比赛设男子单打、女子单打和男子双打、女子双打4个项目。从2008年北京奥运会开始，奥运会的乒乓球比赛项目设为男子单打、女子单打、男子团体和女子团体4项。1988年，乒乓球第一次作为正式项目出现在第24届奥运会的赛场上。至今，在奥运会的赛场上已经连续进行了8届奥运会的乒乓球比赛，产生了32枚金牌，其中中国队获得了28枚金牌。

1. 赛制简介

团体赛为奥林匹克赛制（4场单打和1场双打）。一个队由3名运动员组成，出场顺序为（设两队运动员分别为A,B,C和X,Y,Z）：

第一场　A—X；

第二场　B—Y；

第三场　双打C与A或C与B—Z与X或Z与Y；

第四场　B或A—Z；

第五场　C—Y或X。

A或B及X或Y如果参加了双打比赛，就不能参加后面的单打比赛；不参加双打比赛的运动员才可以参加后面的单打比赛。

2. 历届获奖

奥运会乒乓球比赛历届获奖情况见表1-5。

表1-5　奥运会乒乓球赛历届获奖（冠军）情况

年份	地点	男子单打	女子单打	男子双打/团体	女子双打/团体
1988	韩国汉城（今首尔）	刘南奎（韩国）	陈静（中国）	陈龙灿/韦晴光（中国）	梁英子/玄静和（韩国）
1992	西班牙巴塞罗那	瓦尔德内尔（瑞典）	邓亚萍（中国）	王涛/吕林（中国）	邓亚萍/乔红（中国）

续表

年份	地点	男子单打	女子单打	男子双打/团体	女子双打/团体
1996	美国亚特兰大	刘国梁（中国）	邓亚萍（中国）	孔令辉/刘国梁（中国）	邓亚萍/乔红（中国）
2000	澳大利亚悉尼	孔令辉（中国）	王楠（中国）	王励勤/阎森（中国）	王楠/李菊（中国）
2004	希腊雅典	柳成敏（韩国）	张怡宁（中国）	陈杞/马琳（中国）	张怡宁/王楠（中国）
2008	中国北京	马琳（中国）	张怡宁（中国）	中国乒乓球男队（马琳、王皓、王励勤）	中国乒乓球女队（张怡宁、王楠、郭跃）
2012	英国伦敦	张继科（中国）	李晓霞（中国）	中国乒乓球男队（张继科、王皓、马龙）	中国乒乓球女队（李晓霞、丁宁、郭跃）
2016	里约热内卢	马龙（中国）	丁宁（中国）	中国乒乓球男队（张继科、马龙、许昕）	中国乒乓球女队（李晓霞、丁宁、刘诗雯）

三、世界杯乒乓球比赛

国际乒联从 1980 年起每年举办一届乒乓球世界杯赛（埃文斯杯）。它是国际乒联委托有关国家和地区主办的一项重要比赛。最初只设男子单打（1996 年后增加女子单打），由国际乒联指定 16 名运动员参加，其资格为世界单打冠军、各州单打冠军、主办协会单打冠军及国际乒联公布的世界优秀选手名单中名次靠前的部分选手。比赛还设立奖金，按名次排列，16 名运动员分获数目不等。

第一届世界杯乒乓球比赛由国际乒联委托中国香港乒乓球总会举办，于 1980 年 8 月底在中国香港新落成的伊利莎白体育馆举行。经过三天激烈争夺，最后以中国队两名选手的决赛结束。郭跃华获得冠军，李振恃名列第二。

1990 年 5 月 18 日至 23 日在日本举行了首届世界杯乒乓球团体赛。瑞典以 3∶2 胜了中国男队获冠军，中国男队获亚军，中国女队则以 3∶0 胜了朝鲜队而获得冠军，朝鲜女队获得亚军。第二届世界杯乒乓球团体赛于 1991 年 11 月下旬在西班牙举行，中国男、女队双双获得冠军。

世界杯乒乓球比赛之最：

(1) 获得单打冠军最多的男运动员：马琳。马琳先后于 2000 年、2003 年、2004 年、2006 年四次获得男子单打冠军。

(2) 获得单打冠军最多的女运动员：刘诗雯。刘诗雯先后于 2009 年、2012

年、2013年、2015年、2019年五次获得女子单打冠军。

四、国际乒联职业巡回赛

国际乒联职业巡回赛，全称为国际乒联乒乓球职业巡回赛，于1996年创办，是国际乒乓球联合会组织下的一项具有世界影响的国际大型单项体育赛事，国际乒联旗下的成员国均可派出选手参赛。每年年终针对该赛季各站巡回赛积分排名靠前的运动员进行王者之战——国际乒联职业巡回赛总决赛。

1. 赛制简介

国际乒联职业巡回赛共设男单、女单、男双、女双四个项目，常规情况下男女单打各有64名选手（组合），男女双打各有16对组合，采取单败淘汰制直至决出最后的冠军。团体比赛接轨奥运赛制，国际乒联将个别站比赛取消双打，改由团体代替，同样采取"先循环后淘汰"的赛制产生最后的冠军。

由各个已交付至当年会费的成员协会推荐的运动员都可报名参赛。每个成员协会报名人数不限，分资格赛和正赛两个阶段进行。单打资格赛多为小组赛制，每组头名晋级，双打则为单败淘汰。正赛不设第三名争夺战，冠军除奖杯外，每个单打和双打项目的获胜者将得到一块金牌，决赛的失利者将得到一块银牌，半决赛的失利者将得到铜牌。所有参赛选手将获得参赛证书。

2. 历届获奖

国际乒联职业巡回赛历届获奖（冠军）情况见表1-6。

表1-6　国际乒联职业巡回赛历届获奖（冠军）情况

年份	地点	男子单打	女子单打	男子双打	女子双打
1996	中国天津	孔令辉（中国）	邓亚萍（中国）	王励勤/阎森（中国）	邓亚萍/杨影（中国）
1997	中国香港	萨姆索诺夫（白俄罗斯）	李菊（中国）	孔令辉/刘国梁（中国）	李菊/王楠（中国）
1998	法国巴黎	王励勤（中国）	王楠（中国）	王励勤/阎森（中国）	李菊/王楠（中国）
1999	澳大利亚悉尼	刘国正（中国）	陈静（中国台北）	孔令辉/马琳（中国）	李菊/王楠（中国）
2000	日本横滨	王励勤（中国）	张怡宁（中国）	王励勤/阎森（中国）	孙晋/杨影（中国）
2001	中国天津	马琳（中国）	王楠（中国）	金泽洙/吴尚垠（韩国）	李恩实/柳智慧（韩国）

续表

年份	地点	男子单打	女子单打	男子双打	女子双打
2002	瑞典斯德哥尔摩	庄志渊（中国台北）	张怡宁（中国）	孔令辉/马琳（中国）	李佳/牛剑锋（中国）
2003	中国广州	王皓（中国）	牛剑锋（中国）	陈玘/马琳（中国）	郭跃/牛剑锋（中国）
2004	中国北京	王励勤（中国）	郭跃（中国）	陈玘/马琳（中国）	王楠/张怡宁（中国）
2006	中国澳门	王皓（中国）	张怡宁（中国）	马龙/郝帅（中国）	王楠/张怡宁（中国）
2008	中国澳门	马龙（中国）	郭焱（中国）	高宁/杨子（中国）	李佳薇/孙蓓蓓（新加坡）
2019	中国郑州	樊振东（中国）	陈梦（中国）	樊振东/许昕（中国）	木原美悠/长崎美柚（日本）

第二章 乒乓球基本理论

第一节 基本概念与术语

乒乓球运动术语是正确说明乒乓球运动的动作、技术、战术、竞赛、裁判、器材等方面的专门用语,它随着乒乓球运动的发展和提高而不断丰富。

一、球台(见图 2-1)

(1)端线:球台两端与球网平行的白线称端线,宽 2cm。
(2)边线:球台两侧与球网垂直的白线称边线,宽 2cm。

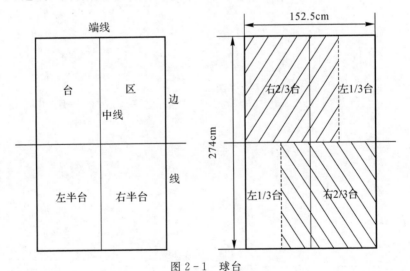

图 2-1 球台

(3)中线:球台中央与边线平行的白线称中线,宽 3mm。
(4)左半台和右半台(又称 1/2 台):通常是指击球范围。其左右方向以击球者本身为参照体。

(5)2/3 台:是指击球范围占球台面积的 2/3。左侧为左 2/3 台,右侧为右 2/3 台。

(6)全台:是指击球范围占整个台面,落点范围不限。

二、站位与击球距离(见图 2-2)

站位是指运动员开始击球前的基本位置。

(1)近台:指站位在离球台端线 50cm 以内。

(2)中台:指站位在离球台端线大约 70cm 处。

(3)远台:指站位在离球台端线 100cm 以外。

(4)中近台:指站位在离球台端线 50~70cm 之间。

(5)中远台:指站位在离球台端线 70~100cm 之间。

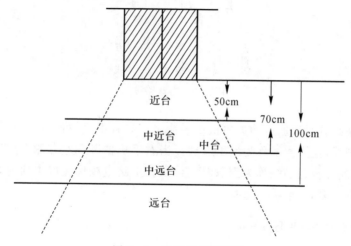

图 2-2　站位与击球距离

三、击球路线(见图 2-3)

简单地说,乒乓球击球路线即指击球点与落点之间的投影线。击球路线与边线平行的是直线,对角线是斜线。

击球基本路线可分为右方斜线、右方直线、中路直线、左方直线、左方斜线。它是就击球者本身方位而言的。右方斜线或直线即正手斜线或直线,左方直线或斜线即反手直线或斜线(以右手持拍为例),中路直线为中路球。这三条直线和两条斜线可演变成九条基本路线。

右方三条:击球到对方的左、中、右方。

左方三条:击球到对方的右、中、左方。

中间三条:击球到对方的中、左、右方。

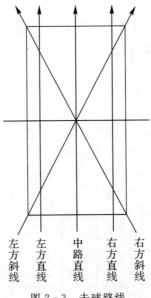

图 2-3 击球路线

击球路线有时根据运动员的执拍手命名。如右手执拍者,可以把右方斜线称为正手斜线,左方直线称为反手直线。当右手执拍者在左方侧身用正手击球时,也可将左方斜(直)线称为侧身斜(直)线。中路直线往往以击向对方身体中间部位方向为多,一般称为追身球。

四、击球时间(见图 2-4)

击球时间是指来球落到本方台面后,其运行轨迹从着台点上升再下降至触及地面以前这段时间。具体可分为上升期、高点期和下降期。

(1)上升期:来球从台面弹起至接近最高点的这段时间。还可细分为上升前期与上升后期。

(2)高点期:来球从台面弹起在最高点附近的这段时间。

(3)下降期:来球从最高点开始下降以后的这段时间。还可细分为下降前期与下降后期。

五、击球部位(见图 2-5)

击球时,球拍触球的位置叫击球部位。为了说明的方便,将球用表盘的形式标出 12,1,2,3,4,5,6 七个点。

(1)上部:12点附近。

(2)中上部:1,2点附近。

(3)中部:3点附近。

(4)中下部:4,5点附近。

(5)下部:6点附近。

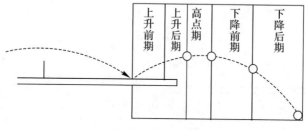

图 2-4 击球时间

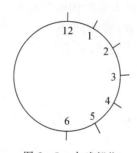

图 2-5 击球部位

六、拍形

拍形包括拍面角度和拍面方向两个方面。

1. 拍面角度(见图 2-6)

(1)击球时,拍面与台面所形成的角度叫拍面角度。

拍面角度小于 90°时,称为前倾。

拍面角度接近 90°时,称为垂直。

拍面角度大于 90°时,称为后仰。

(2)击球时,拍面角度按拍面触球部位的不同,可以分为下述几种。

拍面前倾:击球时拍面触球 1 点时的角度,击球的中上部。

拍面稍前倾:击球时拍面触球接近 2 点时的角度,击球的中上部。

拍面垂直:击球时拍面触球接近 3 点时的角度,击球的中部。

拍面稍后仰:击球时拍面触球接近 4 点时的角度,击球的中下部。
拍面后仰:击球时拍面触球接近 5 点时的角度,击球的中下部。

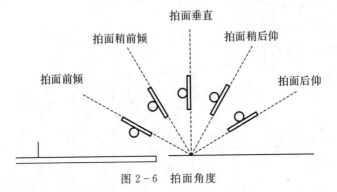

图 2-6 拍面角度

2.拍面方向

击球时,击球拍面所朝向的方向叫拍面方向。
拍面向上:拍面触球接近 6 点时的角度。
拍面向下:拍面触球接近 12 点时的角度。
拍面向左:击球的右侧部。
拍面向右:击球的左侧部。

七、触拍部位(见图 2-7)

触拍部位是指击球瞬间球体触及球拍面的位置,球拍的击球拍面可划分为左、右、上、下、中等部位。

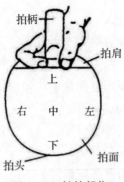

图 2-7 触拍部位

八、击球点

所谓击球点,是指击球时球拍与球体相接触那一点的空间位置。

(1)击球点的位置相对击球者身体而确定,包含三方面的内容:击球时,球处于身体的前后距离位置、球和身体的左右远近距离及球的高低位置。

(2)击球点是和击球者、球台及击球时间紧密联系在一起的。选择击球点应有利于发力和准确击球,脚步移动要到位。

九、短球、长球与追身球

(1)短球又称近网球,指球落在台面的近网区,一般距网 40cm 以内。

(2)长球又称底线球,指球落在台面的底(端)线区,一般距端线 30cm 以内。

(3)追身球,指将球击到对方身体中间的位置。

十、击球节奏、摆速

(1)击球节奏:击球时由于击球时间、发力大小、摩擦球厚薄等因素而形成在击球速度上的快慢不同,称为击球节奏。

(2)摆速:一般是指持拍手摆动的快慢。

十一、发力方向与发力方法

(1)发力方向:是指运动员击球时向哪一个方向发力。同一个拍形可以有不同的发力方向。

(2)发力方法:是指击球时,运动员身体各部位的发力顺序和主次关系。同时还要区分击球时发力是以撞击为主,还是以摩擦为主。

第二节 击球的基本环节和动作结构

一、击球的基本环节

在与对方相持的过程中,每一次击球所包含的基本因素叫作击球的基本环节。完成一次击球动作,都要经历"准备、判断、移步、击球、还原"这五个基本环节。

(一)准备

运动员在每一次击球前都应有准备。准备主要是指站位的选择、自己身体应保持的姿势及心理方面的准备。

要点：身体方面的准备,包括站位、身体姿势等；心理方面的准备,盯住对方,时刻准备回击来球。

注意问题：两脚始终处于起动状态,不断调节重心。

(二)判断

判断是运动员移步和击球的依据,它贯穿于整个击球过程中,但更主要的是击球前的判断。只有迅速准确地判断,才能做出正确的反应和击球动作。判断是一个获取和处理来球各种复杂情况的过程,一般从自己上一次击球一出手,对下一个球的判断就开始了。首先是估计和预测,根据自己击球的速度、力量、落点、旋转、弧线和对方的站位、打法、技术水平、习惯击球方式等等,估计和预测对方将可能采用什么方法、什么路线回接。预测可以使运动员心理上有准备,可以提高反应速度。预测主要是就可能性做出初步判断,是否准确还要看下一步对方的动作,有经验者,往往预测得比较准确。当对方击球时,拍触球一瞬间的动作、方向、速度、幅度,是判断来球的主要依据,因为这一瞬间集中了来球的全部信息,千变万化都是从此而产生的。接着,从来球的飞行弧线、方向、速度来进一步修正、补充、印证,并得出最后的判断。以上的判断顺序是以球的运动为依据的,随着球运动过程的推移,逐渐把预测转变为最后的判断。

判断来球,主要应从对方击球动作（特别是拍触球瞬间的动作）和击球后球的飞行弧线两方面情况来进行分析。在这里,经验是非常重要的。

对方击球的时间早,动作幅度较小,动作速度较快,击球后球的飞行弧线比较短,此球的速度一般较快。对方击球时引拍充分,手臂拉得比较开,动作幅度较大、腰、腿、臂、腕都充分用劲了,球被击后在空中飞行的速度很快,难以看清来球飞行的全轨迹,该球的力量一定较大。

以上是判断对方击球的速度和力量的方法。现代乒乓球技术的旋转变化越来越复杂,不仅击球的旋转强,而且还往往配以假动作,用极其相似的动作可以击出两种（甚至更多种）旋转球来。所以,能判断清对方击球的旋转变化实属不易,这需要在实践中不断练习,认真总结,加以提高。

判断对方击球的旋转,应特别注意观察对方球拍触球瞬间的击球动作,其摩擦球的方向就是该球的旋转方向,但应特别小心对方的假动作。接对方用相近动作发的下旋转与不转球,应注意对方拍触球瞬间是用力摩擦球,还是有推球的动作。触球部位偏下,用力摩擦球是下旋球；触球部位偏中部,用力把球向前推出的是不转球。当然,遇到水平高的对手我们有时会看不到对方击球瞬间的全貌,这时可从球的飞行弧线来判断球的旋转。对方发下旋球,其飞行弧线是先快后慢,有些低沉的现象,这时往往是比较转的下旋球；当对方来球是不转球或是上旋球时,其飞行弧线是先慢后快,球过网后有些浮、冲的现象。有经验的选手有时还可以从来球的商标转动不明显上判断该球是不转球。对方击出侧旋球，其飞行弧线有一个向左或向右的弯曲度。来球是左侧旋，其飞行弧线的凸处在自己一方的右侧；来球是右侧旋，其飞行弧线的凸处在自己一方的左侧，如图2-8所示。不同旋转的球落在自己台面后的反弹方向是不同的。对方击出的左侧旋球，球落台后向自己偏左方跳；对方击出的右侧旋球，球落台后向自己偏右方跳。

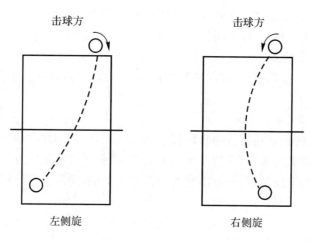

图2-8 左、右侧旋球的飞行弧线比较

判断要点：对方的站位，击球时间、部位，拍面的角度和方向，发力方法，球在空中飞行的弧线、速度、旋转特点和性质等；要有预测，判断要准确。

注意问题：对来球线路方向及落点的判断，可通过对方击球瞬间的拍面方向、挥拍路线和球被击后的飞行弧线等情况来进行综合分析。

(三)移步

根据来球落点上的变化，为保证自己能在适宜的位置击球，就必须移动脚步，以利于发挥自己的技术特长。移步要求是及时、准确。及时是指时间不能晚，准确是指移步的起动时间应恰到好处，移步的距离应恰如其分。应保证移步后有合适的击球位置并不妨碍下一次的移步。

要点：根据判断的结果和准备使用的技术，采用合适的步法移动到理想的击球位置。

注意问题：起动要快，一次到位；若来球突然变向，应迅速调节进行第二次移动。

(四)击球

在开始学打乒乓球时，首先应相对地固定击球点、击球时间，正确地掌握触拍部位和触球部位以及发力的方向。

1. 击球点

击球点一般在身体远离球网一侧的前面，但是不同的技术击球点也有所不同，如推挡比正手攻球击球点靠前，削球比搓球击球点要低。合适的击球点，与脚步移动有很大的关系，没有快速的脚步移动，就不会有合适的击球点。

2. 击球时间

各种类型的打法在击球时间上都各具不同特点，一般快攻型打法以速度为主，多在上升期击球，击球时间较早；弧圈型打法多在高点期前后击球；削攻型打法在削球时是下降期击球，击球时间晚。对于初学打乒乓球者来说，在学习单个技术过程中可以相对固定击球时间，在提高技术水平后，再深一步学习掌握变化击球时间的技术。

3. 击球部位、发力方向

对于不同的技术还击各种来球，其击球部位、发力方向的一般情况如下：

(1)攻球对上旋来球：一般击球的中上部，向前上方挥拍发力。

(2)攻球对下旋来球：一般击球的中部或中下部，向前上方挥拍发力。

(3)削球对上旋来球：一般击球的中下部，向前下方用力。

(4)拉弧圈球对付各种旋转球：一般拉加转弧圈球击球的中部，向前上方用力；拉前冲弧圈球一般击球的中上部，向前上方用力。

在练习中，要求练习者注意提高击球、发力方向的准确性，对每一板球进行认真体验，不断地积累经验，体会手的肌肉感觉，达到更好的效果。

要点：根据判断的结果和准备使用的技术，结合采用的战术，用合理的技术将球击回。

注意问题：击球质量的优劣还取决于脚步移动是否到位。

(五)还原

还原是指击球后，根据具体情况，迅速还原到基本位置、基本姿势或对身体重心作适当调整，以利于下一次击球。

要点：击球后，要使身体重心、肌肉、球拍及时还原，保持平衡，以便于随时对下一个来球进行新的判断，利于迅速移动还击下一板球。

注意问题：每击完一次球都要调整身体重心，即使球在伸手可及的位置。由于惯性的作用，虽然球已被拍击出，但球拍还会继续再走一段距离才能停止。这时，一定不要主动用力，手臂和身体应立即放松，并迅速还原(重心、基本姿势、基本位置)，以准备下次击球。这里的关键是及时准备下次击球。

以上五个基本环节不断循环，直到任何一方出现失误为止，就是比赛中的"一个回合"。在这一回合中，哪一个环节处理不好，都会造成被动和失误。因此,可以说比赛的过程,就是努力保持自己击球的基本环节不被破坏,而力求破坏对方击球基本环节的过程。

二、击球的动作结构

乒乓球的技术动作各种各样,为了便于分析击球动作,我们对击球的动作结构有一个较为统一的分法,即三个阶段、七个过程。三个阶段:准备动作阶段、击球动作阶段和放松动作阶段;七个过程:选位、引拍、迎球挥拍、球拍触球、随势挥拍、身体协调、放松动作七个依次递进、连续的过程。

(一)准备动作阶段

准备动作阶段,主要是指选位和引拍。

1. 选位

应根据对方的来球,选择最有利于自己击球的站位姿势。如正手攻球,应右脚稍向后站,两脚与肩同宽或稍宽于肩,两膝微屈,重心在右脚上,身体稍向右侧。站位姿势的正确与否,直接影响整个击球动作的质量。如果正手攻球时,两脚平行站,甚至右脚在前,那么就很难发出较大的力量来。

要点:击球位置是根据对方来球的落点和旋转性质及本方所要采取的还击方法来确定的。击球位置是否合适,直接影响击球质量。

2. 引拍

引拍同样对击球动作有很大影响。引拍主要应根据击球的需要来进行选择,初学技术阶段,练习者往往引拍不够。例如正手攻球的引拍动作,应该是小臂横摆,肘向下,球拍与台面垂直稍前倾,手腕自然放松。如果用大臂后引,肘朝后的引拍动作,正手攻球时就很难发挥小臂的作用,攻球就不可能有力量,对付旋转球也就很困难了。而正手近网快点引拍就不能过大;侧身拉弧圈球则必须要有较大幅度的引拍,以保证击球时有足够的加速距离。

要点:引拍是挥拍击球前的准备动作,其作用是更好地发力与制造弧线,引拍能否到位是击中来球的先决条件,引拍是否及时是能不能找到合适击球点的重要因素之一。

(二)击球动作阶段

击球动作阶段,也就是迎球挥拍、球拍触球、随势挥拍、身体协调的动作阶段。

1. 迎球挥拍

它是指引拍结束到击中来球这段过程的动作。引拍与迎球挥拍是一个连贯动作,挥拍的方向决定回球的旋转性质,挥拍的速度决定击球力量的大小,挥拍动作正确与否直接影响命中率。

2. 球拍触球

它是指球拍与球接触时的瞬间动作,拍面所朝的方向决定击球的路线,拍面的角度决定触球的部位,球拍触球是整个击球动作的核心部分,直接决定击球的准确性和质量。

在练习中,要求练习者注意提高击球、触拍部位、发力方向的准确性,对每一板球进行认真体验,不断地积累经验,体会手的肌肉感觉,达到更好的效果。

3. 随势挥拍

它是指球拍在击球后有一段顺势前挥的动作,它有利于保证击球动作的准确性。

4. 身体协调

它是指击球过程中不执拍手的手臂运动、躯干扭转、重心移动等动作与挥拍击球动作的配合关系,它是促使身体各部肌肉协调用力。

它包括整个动作的发力方向、参加工作的肌肉部位、发力顺序、发力方法、触球部位和击球时间等。一般来说,手臂动作是主要的,但我们从实践中看,下肢的重心转移越来越显得重要,不少人学打乒乓球,只重视手臂动作,而忽视了腰、腿及整个身体的协调配合,最后导致击球的质量较低,命中率无法保证。以正手攻球为例,击球动作阶段应是:右脚用力蹬转,腰部向左转并带动手臂向前挥拍,以小臂发力为主,向前、向上、向左,打摩结合,触球瞬间,手腕加速摆动,辅助手臂发力,小臂有内旋动作。

以上是动作结构各阶段的不同特点和要求,应该说它们是一个统一体,各个阶段之间是密切相关和互相影响的。

(三)放松动作阶段

击球动作完成后,随着挥拍的结束,有一个短暂的放松动作阶段,它是在连续击球中保持身体平衡的关键,也是保持有节奏地连续击球的重要因素。

乒乓球运动技术动作千变万化,但是,每一个正确的技术动作都是由身体的各个部位的肌肉协调一致活动,形成一个个复杂的运动动力定型来完成的。在每一个击球过程中,身体的各部位分别起着不同的作用。

1. 腿的作用

(1)使运动员合理而快速地移动,并保持击球点与身体前后、远近的合适距离。

(2)保持膝关节、踝关节固定的曲度,使重心稳定,并使击球点保持合适的高度。

(3)击球过程中,能使重心转移,借以协助上肢充分发挥击球力量。

2. 腰和腹的作用

(1)脚步移动时,向侧后转腰,协调脚步的移动。

(2)击球时,让开位置,使引拍能够达到合适的加速距离。

(3)击球时,与手臂用力方向协调一致运动,辅助手臂发力击球。

(4)反手击球时,收腹,使拍与球之间的距离加长,利于发力。

3. 大臂的作用

(1)击球前,带动小臂调整球拍与球的距离使其合理。当来球弹起较高时,大臂则抬得较高,反之,大臂则随着降低。在脚步移动不能获得理想的击球点的情况下,当来球离身体较远时,大臂外展引拍迎球;当来球离身体很近时,大臂内收引拍迎球。当回击底线球时,在脚步来不及调整的情况下,大臂后伸,使球拍与球保持合适的加速距离;当回击近网球时,大臂要前伸,以便球拍能及时触到来球。

(2)发挥击球力量。上臂肌群肌肉面积大,收缩时产生的力量大,从而使球拍击球时能发挥出较快的速度和较大的力量。

(3)增加球飞行的距离。远台击球要靠大臂前送,才能打出较长的距离。拉弧圈球时,大臂挥动的方向决定着球的飞行弧线。拉加转弧圈球时大臂向上用力多一些,拉前冲弧圈球时大臂向前用力多一点。

(4)击球前,引拍到位后,大臂相对固定,有利于充分发挥小臂的速度与力量(不论是攻球、削球还是接近网球,都有大臂的相对固定作用)。

总之,大臂运动时,以肩关节为轴心,以肘关节为标志,表明大臂运动的幅度、方向和距离。肘关节的正确位置是:击低球前,肘关节朝身体斜后下方;击半高球时,肘关节朝后方;只有在击高球的后阶段,肘关节才朝斜后上方。肘关节的朝向可以检验击球动作是否正确。

4. 小臂的作用

(1)在大臂的带动下,击球前,调整拍与球使其形成合理的位置关系。来球较低时,小臂放松,与大臂形成的角度较大;来球较高时,小臂略收,与大臂形成的角度较小。低个子用标准球台打球,小臂与大臂之间夹角小,反之亦然。

(2)挥动方向决定击球旋转。小臂由下向上挥动,击出的是上旋球;反之,是下旋球。小臂由左向右挥动,击出的是右侧旋球;反之是左侧旋球。

(3)挥动的快慢决定击球的速度。因此,小臂是发挥击球爆发力的主要因素。使小臂屈伸的肌肉,其近端多附着于肱骨上端,远端则附着于小臂骨的上端(如肱二头肌、肱肌、肱三头肌),肌肉快速收缩变短时,能产生很大的爆发力。

5.手腕和手指的作用

(1)在小臂带动下,手腕加速转动,可协调小臂加强回球旋转。

(2)手腕和手指适当紧张,固定拍形,有利于手臂用力的一致,可提高击球的准确性。特别是在对付弧圈球、扣杀和削不转球等方面起重要作用。

(3)调节拍形角度,决定击球部位,制造合理弧线。

(4)调节拍面方向,决定击球线路。

以上所述身体各部位动作必须在击球中协调一致,形成一套结构完整的动作,才能真正起到它们各自的作用。

第三节　提高击球质量的五要素

弧线、速度、力量、旋转、落点称为击球五要素,五要素之间的关系是相互联系、相互促进、相互制约、相互补充的。提高击球质量,实质就是提高单个要素水平和多个要素组合水平的过程。

一、击球的弧线

乒乓球的运行特点是以一定的弧线形式表现出来的(见图2-9)。它是指球离开球拍落到对方台面的飞行轨迹。运动员击球时必须制造合适的弧线,才能提高命中率。

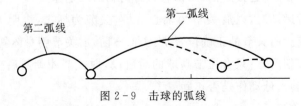

图2-9　击球的弧线

(一)击球弧线的组成和产生原因

1.组成

乒乓球的击球弧线是由弧高(弧线高度)、打出距离、弧线曲度和弧线方向几个要素组成的(见图2-10)。

(1)弧高:是指弧线的最高点与台面的垂直距离,可用 H 表示。

(2)打出距离:是指击球点与落点之间的水平距离,可用 L 表示。

(3)弧线曲度:是指弧线的弯曲程度,与弧高成正比,与打出距离成反比。弧线曲度=弧高(H)/打出距离(L)。

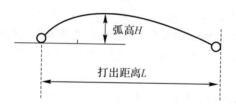

图 2-10 击球弧线的组成

2. 产生原因

飞行弧线是乒乓球在飞行过程中,由于地心引力使球逐渐下降和空气的阻力作用造成的。

(二)影响乒乓球飞行弧线的因素

(1)球的出手角度:指球被击离球拍瞬间与水平面所形成的角度。在不考虑其他因素的条件下,在45°以内,球的出手角度越大,弧高越高,打出距离也越长。球的出手角度由击球瞬间的拍面角度和用力方向决定。

(2)球出手时的初速度:若球的出手角度相同,球出手时的初速度越大,弧高越高,打出距离也越长。

(3)球的旋转:上旋可增加击球弧线的弯曲度,下旋可减小击球弧线的弯曲度,左侧旋可使击球弧线向右拐,右侧旋可使击球弧线向左拐。

(三)还击各种来球对飞行弧线的要求

在乒乓球的练习或比赛中,对击球的飞行弧线有着极为严格的要求。不同情况下还击各种来球,对飞行弧线的要求大致如下。

1. 不同击球点击球(见图 2-11)

(1)还击近网高球时,弧线曲度要小,打出的距离要短(见图 2-11 中①)。

(2)还击远网高球时,弧线曲度稍小,打出的距离要长(见图 2-11 中②)。

(3)还击近网低球时,弧线曲度要大,打出的距离要短(见图 2-11 中③)。

(4)还击远网低球时,弧线曲度稍大,打出的距离要长(见图 2-11 中④)。

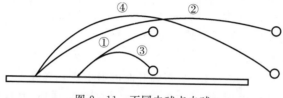

图 2-11 不同击球点击球

2.不同击球时间击球(见图2-12)
(1)上升期击球时,弧线曲度稍小,打出的距离稍短(见图2-12中①)。
(2)高点期击球时,弧线曲度不能过大,打出的距离不能过长(见图2-12中②)。
(3)下降期击球时,弧线曲度略大,打出的距离略长(见图2-12中③)。

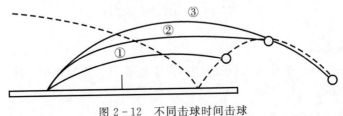

图2-12 不同击球时间击球

3.还击不同旋转来球
(1)还击上旋球时,来球旋转越强,越要注意减小弧线曲度,缩短打出距离,避免回球过高或回球出界。
(2)还击下旋球时,来球旋转越强,越要注意增大弧线曲度,加长打出距离,避免回球下网。
(3)还击左(右)侧旋球时,来球旋转越强,越要注意相应地向左(右)调整拍面方向,避免回球从右(左)侧边线出界。

4.削球对弧线的要求
(1)在削击比网略高或与网同高的球时,要减小回球弧线的曲度,并适当缩短打出的距离。
(2)在削击比网低的球时,要适当增大弧线的曲度,回球的距离可长一些。
(3)在削击强烈上旋球时,要加大下压力,以便压低弧线的曲度和控制打出的距离。

二、击球的速度

速度快是乒乓球运动的突出特征之一,快速的进攻能使对手失去击球的最佳时机,造成回球质量降低,处于被动应付状态。因此,进一步提高快攻的速度仍然是现代乒乓球技术发展的趋势之一。

1.击球的速度分析
根据力学公式 $v=s/t$,速度与距离和时间有着密切关系。
在距离不变的情况下,物体向前运动所需的时间越短,其速度也越快,反之则越慢。

球速的快慢与球体受撞击力的大小成正比,受力越大球速也越快。
击球速度是由两方面的因素来决定的。

(1)还击来球所需准备时间。这段时间是从对方来球击中己方台面的瞬间算起,到己方回球时球拍触球的一瞬间为止。

击球所需时间长短,除受对方来球的速度、力量、旋转、落点等因素的影响之外,主要取决于己方击球时间的早晚(见图 2-13)。

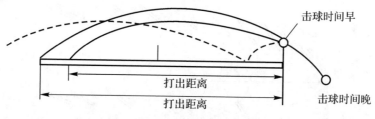

图 2-13 本方击球时间的早晚

击球时间越早,击球所需时间越短,反之则越长。尽可能提早击球的时间,是缩短击球所需时间的一个重要条件。

(2)击球后球在空中飞行时间。这段时间从球离拍瞬间起到球落对方台面着台点瞬间止,飞行弧线长,所需时间也长,反之则所需时间短。

2. 提高击球速度的方法

(1)击球前,站位要尽可能靠近球台一些,用以提早击球的时间,适当降低飞行弧线的弧高,缩短打出的距离。

(2)击球时,充分利用小臂和手腕的作用,并采用"借力"还击的方法。

(3)击球时,发挥击球力量,使作用力线尽量靠近球心,适当压低击球弧线。

(4)不断提高反应速度和脚步移动速度。

三、击球的力量

在现代乒乓球技术中,增大击球的力量,无论是用于对付强烈上旋的弧旋球还是用于对付转与不转的削球,都具有重大作用。比赛时,击球的力量大、球速快,轻易取得主动,并获得较多的扣杀、拉、冲机会,常可取得很好的效果。

1. 击球的力量分析

乒乓球的击球力量,是球拍对于球体的作用力。在球拍和球体的相互作用下,击球力量表现为球的前进速度和旋转强度。对于近台快攻运动员,力量的发挥使球体获得更快的飞行速度;对于弧旋球或削球运动员,力量的发挥加大球体的旋转强度。发力扣杀重板球,拉或削出强烈的旋转球,与击球爆发力密切相关。触球时,球拍的瞬间速度越大,击球力量越大,反之则越小。

触球时的球拍瞬间速度与挥拍的加速度和击球距离有密切关系。在挥拍的加速度相同的情况下,击球距离越大,球拍触球时的瞬间速度越大,反之则越小。在挥拍击球距离相同的情况下,加速度越大,球拍触球时的瞬间速度越大,反之则越小。要加快触球时的球拍瞬间速度,就必须提高挥拍的加速度,具备足够的击球距离(见图 2-14)。

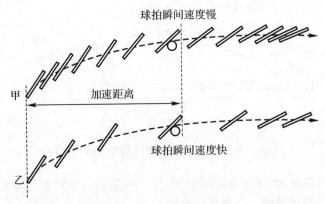

图 2-14 触球时的球拍瞬间速度与挥拍的加速度和击球距离的关系

2.提高击球力量的一般方法

(1)要提高击球的力量,击球前,必须加快移动步伐,调整击球位置,尽可能使身体与击球点保持一定的加速距离,以利于加快击球的挥拍速度,以及充分发挥身体各部分肌肉的力量。

(2)从生物学的观点看,人体的力量来源于肌肉的收缩。因此击球前,要充分引拍。引拍主要有两个作用:取得足够的击球距离;使手臂、腰各部分肌肉拉长,以利于击球时进行快速收缩。

(3)击球时要掌握好发力的时机。除注意保持有足够的加速距离外,还要提高击球瞬间的挥拍速度。

(4)击球时要充分发挥全身各部分肌肉的协调用力。配合转体要使用腰力,并使重心前移。要使上臂、前臂、手腕和腰部、腿部等动作在挥拍过程中所发挥出来的力量,集中地用在击球上。

(5)击球后,必须使身体各部分肌肉充分放松,迅速恢复回击下一板球的准备状态,以利于下次击球。

(6)要重视发展力量素质,主要是身体各部分的爆发力。要经常进行各种提高专项快速力量的辅助练习,增强肌肉的爆发力,提高用力的协调性。

要加大击球的力量,应注意以下几个问题:

(1)注意腰、腿、大臂、小臂和手腕、手指力量的协调配合。

(2) 合理的击球时间和准确的击球点,有利于身体各部分肌肉集中发挥出最大的力量。

(3) 适当加大动作半径和增加引拍距离。

(4) 发力前,肌肉应尽量拉长并放松。

(5) 正确的肌肉发力顺序:躯干带动大臂,大臂带动小臂,小臂带动手腕,以利于发挥各关节支点的加速作用。

(6) 整个动作的用力方向应尽量统一向前,避免产生其他方向的分压。拍触球瞬间,适当减少摩擦球的力量,以增大向前击球的爆发力。

(7) 一击完球,应迅速放松肌肉,注意动作还原和重心的调整,早引拍,以利于下一板的发力。

(8) 重视身体训练,提高力量素质,并使之与技术密切配合。

四、击球的旋转

旋转是乒乓球运动中一个十分重要的技术因素。现代乒乓球的技术、战术随着科学技术的发展和使用球拍的不断革新,在利用旋转方面更加被人们重视,在比赛中,利用旋转变化争取主动已成为重要的得分手段之一。掌握好复杂的旋转变化规律,对提高击球质量、增加战术种类有重要意义。

(一)产生旋转的原因

1. 平动

击球时,如果力(F)的作用线通过球心(O),那么球只作平动而不产生旋转(见图 2-15)。

2. 转动

如果力的作用线偏离球心,与球心保持一定的垂直距离(即力臂 L),作用力便分解为法向和切向分力。前者为撞击力,使球产生平动;后者为摩擦力,主要使球产生旋转(见图 2-16)。

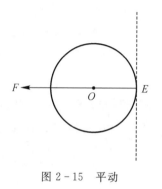

图 2-15 平动　　　　图 2-16 转动

(二)乒乓球的基本旋转轴及旋转种类

乒乓球本身是一个无固定旋转轴的球体,但是当球受到球拍摩擦球时就会使球产生旋转,形成旋转轴。如果球拍摩擦球的方向不同,那么产生的旋转也不同,就会形成各种各样的旋转轴,但不管怎样旋转,它始终围绕着三个基本旋转轴。

1. 左右轴(横轴)

它是通过球心与乒乓球飞行方向相垂直的轴。根据击球者的方位,球体的上方绕此轴向前旋转为上旋球,球体的上方绕此轴向后旋转为下旋球(见图2-17)。

2. 上下轴(竖轴)

它是通过球心与台面相垂直的轴。球绕此轴旋转为侧旋球。根据击球者的方位,击球时,以球拍触球的某一点为基准,球向左旋转为左侧旋球,球向右旋转为右侧旋球(见图2-18)。

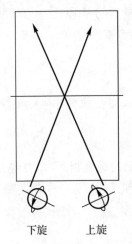

图2-17 上旋球与下旋球

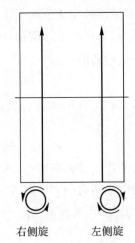

图2-18 左侧旋球与右侧旋球

3. 前后轴(纵轴)

它是通过球心与球的飞行方向相平行的轴。根据击球者的方位看,球绕此轴按顺时针方向旋转为顺旋球,球绕此轴按逆时针方向旋转为逆旋球(见图2-19)。

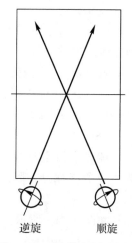

图 2-19 顺旋球与逆旋球

在运动实践中,单纯绕基本旋转轴的球是很少的,大多数旋转球的旋转轴与基本旋转轴都有所偏离,随着这种偏离程度的加大,乒乓球的旋转就从一种性质逐渐变化成另一种性质。例如侧上旋球(见图 2-20)和侧下旋球(见图 2-21),这类旋转球的旋转轴都是上述三个基本轴的偏斜轴。

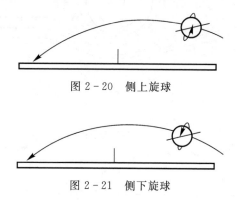

图 2-20 侧上旋球

图 2-21 侧下旋球

(三)各种旋转球的性质和增加旋转强度的方法

在乒乓球技术中,球的旋转及其变化十分复杂,加之球拍性能的差异,动作相似,球的旋转差别较大,因此,乒乓球竞赛制胜,旋转是很重要的因素之一。

要加强击球的旋转,首先应了解乒乓球的基本旋转轴及其旋转,其次,还应了解各种旋转球的性质、反弹特点。

球的旋转性能不同,飞行的弧线、落台后的反弹、触拍后的反弹都有其不同的特点。

1. 上、下旋球及反弹特点

上旋球:球在旋转时,带动球体周围的空气一起转动,当球向前飞行时,球体上沿旋转的气流受到迎面气流的阻力,其流速减慢;而球体下沿旋转着的气流与迎面气流的方向一致,其流速加快。这样球体上沿的空气压强大,下沿的空气压强小,于是空气给球体一个下压力,如图 2-22 所示。因此,在相同条件下打出的上旋球比下转球的弧线要低、要短。

下旋球:恰好与上旋球相反,球体下沿空气流速慢、压强大,球体上沿空气流速快、压强小,于是空气给球体一个浮举力。因此,在相同条件下打出的下旋球比不转球的弧线要高、要长。

球的旋转不同,弧线也不同,如图 2-23 所示。

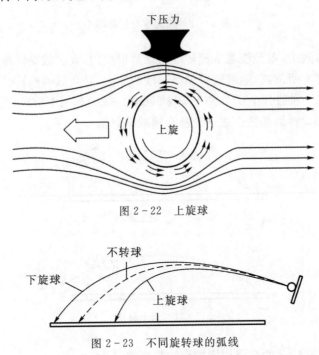

图 2-22 上旋球

图 2-23 不同旋转球的弧线

反弹特点:上旋球着台时给台面一个作用力,台面给球一个反弹力 $F_{弹}$;此外,球体还有一个沿水平方向向后作用于台面的旋转力,而台面也给这个旋转力一个向前的反作用力 $F_{反}$,从而使球的反弹角度减小,具有一定的前冲力。上旋越强,情况越甚。例如,用平挡接弧圈球时球触拍会向上反弹(见图 2-24)。下旋球落台时,与上旋球相反,下旋球的旋转力是沿水平方向向前作用于台面的,因此台面给予这个旋转力的反作用力 $F_{反}$ 的方向是向后的,从而使反弹角度加大。下旋越强,情况越甚,以至球出现回跳现象。例如,用平挡接下旋球时球触拍会向下反弹。

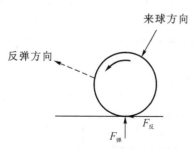
图 2-24 上旋球反弹情况

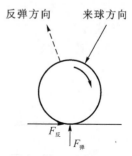
图 2-25 下旋球反弹情况

2. 左、右侧旋球及反弹特点

左侧旋球球体左侧空气流速慢,右侧空气流速快,因此,球的飞行弧线向右偏拐;而右侧旋球的飞行弧线与之相反,向左偏拐。

反弹特点:侧旋球落台时,由于球对台面的作用力与不转球相比较差别不大,所以反弹后的飞行弧线基本上按原来的方向顺势继续偏拐。平挡触拍时,左侧旋球向右反弹,右侧旋球向左反弹。

3. 顺、逆旋球及反弹特点

顺、逆旋球由于球体周围气流受迎面气流的影响是相同的,因此其飞行弧线基本上不发生变化。

反弹特点(见图 2-26):顺旋球着台时,球体给台面一个向左的旋转力,台面给球体一个向右的反作用力,因此,顺旋球反弹后向右侧拐弯;逆旋球落台时与之相反,球体给台面向右的旋转力,台面给球一个向左的反作用力,所以球着台后向左侧拐弯。顺、逆旋球平挡触拍时两侧反弹不明显。

4. 增加旋转强度的方法

(1)尽可能使力的作用线远离球心。乒乓球的旋转速度主要取决于力矩,而力矩 M 又分别与作用力 F 和力臂 L 成正比,即 $M=FL$,因此,击球时,球拍尽量摩擦球体,使力的作用线远离球心,使力臂增大,增加球的旋转,如图 2-27 所示。

(2)击球时充分发挥大臂、小臂、手腕和腰、腿的协调,配合发力,使球拍对球的摩擦作用得到增强。

(3)用稍靠球拍顶端的适当部分击球,有利于加强球的旋转。

(4)适当增加球拍摩擦球的距离。例如在采用下旋技术时,用靠近球拍顶端的中下部击球,可以增加球拍摩擦球的距离,从而增强回球的旋转,如图 2-28 所示。

(5)借用来球的旋转,顺对方来球旋转击球,如用搓球接法回击上旋球时能增强球的旋转。

(6)选用黏性较好的球拍,增大击球的摩擦力,增强回球旋转。

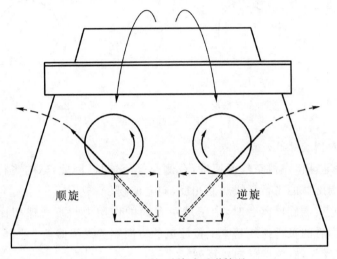

图 2-26 顺、逆旋球反弹情况

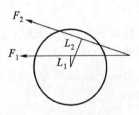

图 2-27 加转球的用力

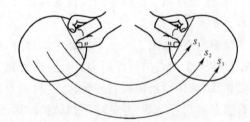

图 2-28 不同触拍部位的击球

(四)对付旋转的方法

1. 了解乒乓球旋转的规律

正确地判断来球的旋转性质及旋转强度,了解和熟悉各种不同性能球拍的击球特点,是对付旋转球的前提。

2. 用调整拍面方向和拍面角度的方法来对付旋转球

如用推挡回接对方发至反手位的左侧上旋球时,拍面应偏左并前倾一些。

3. 用力量对付旋转

假若对方搓过来的球偏高,可作近似直线的扣杀,由于大力扣杀,击球力量大大超过来球的力量,从而削弱了对方来球的旋转作用。根据这一原理,在回击低球时,主动发力击球,比较不易"吃"转;反之,越不敢打,越容易"吃"转。

4. 用速度对付旋转

一般可采用如下三种方法:

(1)提高单位时间的击球次数,板板紧逼,迫使对方在匆忙中回击,从而影响其击球质量,从中取得主动。

(2)突发性要强。在与对方相持中,突然加快击球速度,可以破坏对方的击球节奏,使其勉强回接。

(3)挥拍击球的速度要快。根据前文所述,触球时,球拍的瞬间速度越大,给球的力量越大,因而在一定程度上可以减小对方来球的旋转作用。

5. 以转制转,以不转制转

(1)顺旋转击球(以转制转),例如以拉对削或以削对拉。这种方法击球,主要是借用来球的旋转特点,来提高回球的旋转速度。同时还可通过加快摆速、调整拍形和发力方向来对付旋转。

(2)逆旋转击球(以不转制转),例如对攻、对拉、对搓等。使用这种方法击球主要靠自己发力,并要注意调整拍形和发力方向。

6. 采用避转法击球

任何一种旋转球都是越靠近旋转轴的部位,其旋转越弱;越远离旋转轴的部位,其旋转越强(见图2-29)。根据这一特点,在必要的情况下,可以改变击球部位,避开强转区击球,以便减少"吃"转。

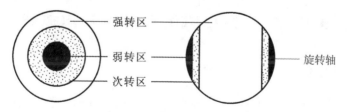

图2-29 来球不同部位的旋转

采用避转法回击旋转球,一般都能改变来球的旋转轴。当挥拍方向和来球的旋转方向有一定的夹角时,来球的旋转轴就必然发生变化。

用推侧旋回击弧圈球、用攻球回击侧旋球、用侧身滑板突击下旋球等,避开强转区击球,改变对方来球的旋转轴,从而可以少"吃"转。

五、击球的落点

乒乓球的落点是指球的着台点。从击球点到着台点之间所形成的线,叫击球路线。研究乒乓球的落点和击球路线对于提高击球质量和战术效果是十分重要的。所谓"落点刁,球路活"就包含着战术因素。

1. 击球落点的作用

(1)扩大对方的跑动范围。尽量最大限度地调动对方在前后左右的跑动中击球,例如长短球结合、逼大角度、交叉攻击左右大角等,增加对方回球的难度。

(2)增加对方让位和击球的难度。攻追身球,落点越接近对方身体,对方就越难让开。回击近网球,让对方无法拉弧圈球,不易发力。

(3)回击对方的弱点和压制对方特长技术发挥。紧逼对方的技术弱点,既能够有效抑制对方的特长,又有利于充分发挥自己的技术。

(4)声东击西使对方失误。回球落点与对方所判断的方向及脚步移动的方向相反,效果最好。

2. 提高控制落点和变化落点能力的方法

(1)固定落点的练习。在基本技术练习时,将球台划分为若干区域,要求运动员将球回击到所规定的范围内。

(2)按规定的击球路线进行变化落点的练习,如一点打多点、多点打一点、逢斜变直、逢直变斜练习等。

(3)采用多球练习的方法,要求运动员将不同落点、不同旋转性质、不同速度和力量的来球回击到某一区域内,或命中某一目标。

(4)提高腕关节灵活性,经常进行变化拍面角度和方向的练习。

第四节　乒乓球运动器材知识概述

一、场地设施

乒乓球的场地设施包括场地及空间、挡板、球台、球网装置、球、球拍、比赛裁判桌椅等。场地空间应为长不小于14m、宽不小于7m的长方形,高度为5m,周围用高度为75cm的深色且颜色一致的挡板围起。

二、球台

(一)球台的发展

乒乓球台作为相对固定的器材,在乒乓球运动的发展中扮演着重要的角色。

最初的乒乓球台没有太多的规定，后来乒乓球运动得到一定的普及，比赛球台开始有了规定。当时的球台网高、台窄，网高 17.3cm，球台宽 146.4cm，不利于攻球而利于削球。虽然削球打法增强了乒乓球的旋转因素，丰富了乒乓球运动的内涵，但是由于当时对比赛时间没有规定，使得一些比赛冗长而乏味。为了解决这一问题，国际乒联在球台上进行了改进，球台宽由 146.4cm 增加到 152.5cm，球网高度由 17.3cm 降至 15.25cm，形成了现在球台的规格。20 世纪末 21 世纪初期，乒乓球器材厂商为了更好地发掘乒乓球比赛的竞争性，提升乒乓球比赛的观赏效果，在球台的支架上做足了文章，继在滚轮折叠球台的实用型潮流后，又推出了"彩虹"球台，美丽的球台支架造型、丰富的颜色搭配和富有质感的灯光效果为乒乓球赛场增色颇多，使观众的静态视觉神经愉悦，从客观上增加了乒乓球运动的观赏美感。

（二）现代球台的规格

球台的上层表面叫作比赛台面，应为与水平面平行的长方形，长 2.74m，宽 1.525m，离地面高度 0.76m。

比赛台面应为均匀的暗色，无光泽。沿比赛台面各边缘均有一条 2cm 宽的白色线。台面由一个与端线平行的垂直球网划分为两个相等的台区，各台区的整个面积应是一个整体。双打时，各台应由一条 3mm 宽的白色中线划分为两个相等的"半区"。中线与边线平行，并应视为右半区的一部分。

比赛时球台的有效击球区域为球台的上表面，不包括球台的侧面。台面一般用木料制成，也有其他材料制成的。无论什么材料，弹性标准是一致的，即规则规定的标准球从 0.3m 的高处落到台面后反弹的高度约为 0.23～0.26m。台面摩擦因数小于 0.6。

三、球

乒乓球运动诞生初期，球是用软木或橡胶做成的，有时在外面包上一层毛线。这种球多为实心球，分量比较重，弹性不太好且易坏。到 1890 年，由詹姆斯·吉布偶然发现了一种用赛璐珞制成的空心玩具球，弹力很强，于是开始使用赛璐珞球，这种球由于分量轻、弹性好等特点而被广泛使用。从此，乒乓球由软球改为硬球，由实心球改为空心球。

自 1926 年 12 月国际乒联成立后，乒乓球运动得到了进一步的规范。乒乓球直径被确定为 38mm，称为"小球"，质量 2.5g，并且这一规定一直被沿用到 20 世纪末期。随着乒乓球技术的提高，国际乒联修改了比赛用球的规则，并从 2000 年 10 月 1 日起，开始启用"大球"，其直径为 40mm，质量 2.7g。

为了更好地推动乒乓球运动的良性发展，2014 年国际乒联再次对比赛用球做出了改变,改为使用环保材料的塑料球,其质量不变,直径改为 40～46mm,用"40＋"来标注,由此乒乓球运动进入"40＋"时代。现在国际乒联指定的比赛用球,为白色或橙色,且无光泽。

四、底板

1. 底板的性质

乒乓球底板一般以木质材料为主制作而成,板面平整,厚度均匀。从木质材料的构成看,可分为一层木质底板和多层木质底板两种。多层木质底板有 3,5,7 及 9 层四种。除外力以外,底板的层数越多,球在底板的脱板速度越快,反之,球在底板的停滞时间比较长,反弹力小,需要主动发力。

为了保证底板有一个较好的击球弹性,在底板的制作过程中,就要考虑到横向木纹纤维与纵向木纹纤维的搭配。随着世界乒乓球运动的发展,乒乓球底板也开始利用一些高分子材料,来提高底板击球时的弹性和控制力,如含有碳纤维、芳基纤维、芳基/碳纤维混织以及玻璃纤维的底板。这些新材料的使用,大大提高了底板的性能。但是不管掺杂什么纤维物质,底板至少应含有 85% 的天然木料。

2. 底板的选择

底板的种类繁多,形状各式各样,厚度不一。但是一块好的底板必须具备两个特点:一是击球时不感到底板震手,二是有较好的控制球的性能。因此,在选择底板时应根据自己的打法类型特点来选择适合自己的底板。

一般近台快攻型打法以及左推右攻型打法的选手可选择质地较硬的底板,可以提高击球的速度;以弧圈球打法为主的选手可以选择木质较软、厚度稍薄的底板。而对于初学者,由于打法类型尚未建立,因此应该选择质量较小、手感较好、弹力稍低的底板,以便于尽快掌握控球技术。

五、海绵

1. 海绵的性能

海绵是乒乓球拍的重要组成部分,球击出后的速度、旋转和控制效果直接取决于海绵的厚度和邵氏硬度。海绵的厚度一般在 0.5～2.4mm 之间,邵氏硬度则在 30～50 度之间。一般来讲海绵越硬越厚,弹性就越大,击球速度越快。但最终球拍的性能要依个人的打法而定,也不是说越硬越厚就好,这样弹性太大也不利于控制。初学者建议选择厚度在 2.0～2.2mm,邵氏硬度在 39 度左右的反胶海绵或者邵氏硬度在 35 度左右的正胶海绵。

海绵的厚度标准比较统一,都是国际度量标准毫米。海绵的厚度一般在

0.5～2.4mm 之间。邵氏硬度的标准分两种：一种是729的邵氏W，一种是红双喜(DHS)的邵氏A。

729的邵氏硬度范围为：反胶40～48度，正胶35～40度，分为中软、中硬两种。

DHS的邵氏硬度范围为：反胶在38～41度四个等级之间。

729硬度与DHS硬度对比如下：

729中硬，邵氏W，46～47度	相当于	DHS，邵氏A，40度
729中硬，邵氏W，45～46度	相当于	DHS，邵氏A，39度
729中软，邵氏W，43～44度	相当于	DHS，邵氏A，38度

2. 海绵的选用

海绵的厚度：反胶弧圈结合快攻型打法选手，应选择1.9～2.2mm，加单面胶皮不超过4.0mm；正胶、生胶快攻型打法选手，海绵厚度应选择1.5～2.2mm；使用长胶打法的选手，海绵厚度多选择0.4～1.0mm。

海绵的硬度：反胶弧圈结合快攻型打法选手，选择邵氏硬度多在38～40度；正胶、生胶进攻型打法的选手，海绵邵氏硬度选择30～40度。初学者适合邵氏硬度低一点的海绵，利于控制球，便于动作的尽快形成和掌握。

六、胶皮

胶皮分正胶、反胶、生胶、长胶和防弧胶皮等。

胶皮与海绵粘贴在一起而形成套胶，而套胶又可分为海绵正贴胶皮和海绵反贴胶皮两种。

1. 海绵正贴胶皮

这是一种在海绵上贴一层胶粒向外的胶皮，这种胶皮称为颗粒胶皮，根据胶皮颗粒的长短和大小可分为正胶、生胶和长胶，如图2-30所示。

(1)正胶。国际乒联对正胶胶皮的使用做出如下规定：每一颗胶粒必须是圆形对称、轴与底层平面垂直的，颗粒顶部表面必须与胶粒底部水平，其表面可以是粗糙的或平整的，但不能在粒子中形成中空；三颗相邻的胶粒成等腰三角形，每一粒至少1.0mm长，顶部直径1.0～2.0mm，颗粒间距1.0～2.0mm，颗粒高与颗粒直径之比不超过1.1。

正胶胶皮的颗粒向外，受到来球冲击胶粒便会发生弹性变形，变形越大，瞬间的反弹力越大，回球的速度就越快。正胶胶皮的摩擦因数低，制造旋转相对较差，从打法需求上看，正胶胶皮适用于近台左推右攻和两面攻打法。

(2)生胶。生胶胶皮颗粒向外,其颗粒的规格与正胶胶皮相似,表面颗粒直径小于颗粒距胶面高度,粗细长短介于正胶和长胶之间。生胶胶皮和正胶胶皮在规格上相似,但是胶体的含胶量比正胶胶皮要大,因此颗粒比较软,弹性相对也较大,性能介于正胶与长胶之间。它具备了一些长胶反旋转和击球下沉的性能,也具备了一些正胶胶皮击球速度快、比较易于进攻的性能。从打法需求上看,生胶胶皮多为进攻型打法所用,尤其多用于横板的反手一面。

(3)长胶。长胶胶皮的颗粒长而柔软,极富韧性。在使用这种胶皮时都采用海绵较薄的套胶,或者不加海绵来使用。由于长胶的颗粒比较长,因此它直接受到来球冲击而产生颗粒变形,颗粒会斜向一侧,在反弹时,会给球一个反向的旋转力,使击出的球产生与对方来球相反的旋转。长胶胶皮多为横拍反手、直拍选手和削球打法选手使用。

图 2-30 胶皮种类(一)
(a)正胶; (b)生胶; (c)长胶

2.海绵反贴胶皮

这是一种海绵与颗粒面粘贴在一起的胶皮。根据胶皮表面是否具有黏性又可分为反胶和防弧胶皮。

(1)反胶。反胶胶皮表面平整,有较大的黏性,摩擦力强。其特点是击球时能制造出强烈的旋转,击球比较稳定、易于控制,适合弧圈型或弧圈结合快攻打法。但是由于制造旋转强,因此也会受到来球旋转的影响。反胶胶皮是目前比较流行的,它的最大特点是较好地将旋转和速度结合在一起,在中远台的相持中,回击球的稳定性比较好。

(2)防弧胶皮。顾名思义,它主要是一种专门对付弧圈球的胶皮,是海绵反贴胶皮的一种。但是这种胶皮其表面没有黏性、较光滑,击球后球运行速度较慢、弧线较短,落台后球下沉且飘,使对手难以按常规判断,对付弧圈球尤为奏效。当年蔡振华反面使用的就是这种防弧胶皮。

图 2-31　胶皮种类(二)
(a)反胶；　(b)防弧胶皮

七、乒乓球拍的养护

在选用乒乓球拍后,首先要学会保养胶皮,要懂得保护胶皮的黏性,这是反胶胶皮的重要特性。最简单的办法是每次训练或比赛结束以后,用软泡沫海绵沾上清洁泡沫将其洗净。现在市面上也有专用的清洁剂出售,清洁后用聚酯薄膜覆盖在胶皮上,这样既可以防尘又可以防氧化。其次,不要随便乱扔球拍,在不用时用拍套将球拍装好。

第三章 乒乓球主要基本技术

第一节 基本站位与准备姿势、握拍方法

一、基本站位

运动员为了回击各种不同落点和性能的来球,在每次击球前,都会根据个人的打法及身体特点,力求使自己处于一个相对固定的位置,并保持一种相对稳定的姿势。这个相对固定的位置,就叫基本站位。

乒乓球运动员的基本站位应与不同类型打法及个人的打法特点相适应,不同类型打法其基本站位的范围也不相同。站位正确,有利于保持稳定的姿势和向任何一个方向迅速移动。乒乓球的打法类型很多,主要可以分为3类,即近台进攻型、中台进攻型和远台削攻型。

(一)近台进攻型站位

一般近台进攻型打法站位在球台偏左的位置,身体距球台端线 40~50cm 左右,如图 3-1 所示。

图 3-1 近台进攻型站位

(二)中台进攻型站位

中台进攻型打法一般站位在球台中线略偏左的位置,身体距球台端线 50~

70cm 左右,如图 3-2 所示。

(三)远台削攻型站位

远台削攻型打法站位居中较多,身体距球台端线 1.5m 左右,如图 3-3 所示。

图 3-2　中台进攻型站位

图 3-3　远台削攻型站位

二、准备姿势

运动员在接发球之前,应当保持正确的基本姿势,以便迅速移动,占据有利击球位置,提高击球的准确性。正确的基本姿势是(以右手持拍为例):两脚开立略宽于肩,右脚稍后,前脚掌内侧着地,提起脚跟,膝关节弯曲,上体略前倾,重心放在前脚掌上,双眼注视来球。持拍手臂弯曲置球拍于腹前,不持拍手臂自然弯曲置于体侧。

在击球过程中,每打完一板球都应尽量还原成基本姿势,以便下一板击球时能快速起动,照顾全台,增强击球的准确性。

三、握拍方法

乒乓球握拍方法与击球动作有着密切的关系,它在相当程度上影响着每个运动员的技术特点。在乒乓球的教学与训练中发现,击球造成的失误,出现的技术动作的错误,基本上都可以在握拍方法上找到一些基本原因。

目前世界上流行的握拍法主要分为直握球拍和横握球拍两种类型。前者多为亚洲运动员所采用,而后者是欧洲的传统。不同技术和打法的运动员其握拍方法各有不同,握拍方法正确与否,在很大程度上决定了击球动作是否合理。根据个人不同的技术特点不论选择何种握拍类型,都一定要注意握拍方法,随意地握拍而不考虑握拍的合理性会影响乒乓球技术动作的掌握。

(一)直握球拍法

用拇指和食指握住球拍柄与拍面的结合部位。食指的第三关节内侧贴在拍柄右侧,食指的第二指关节压住球拍的右肩,第一指关节自然向内弯曲,拇指的第一指关节压住球拍的左肩,其他的三指自然弯曲斜型重叠,以中指第一指关节顶住球拍拍面1/3处,使球拍保持平稳。

1. 常见握法

直拍常见的握拍方法有三种:标准握法、浅握法和深握法。直拍常见握法主要适用于左推右攻打法。

(1)标准握法:是指握拍拇指和食指深浅适宜地握住球拍拍肩,如图3-4所示。

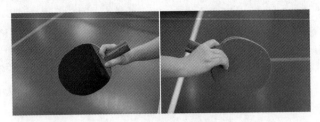

图3-4 直拍标准握法

(2)浅握法:是指握拍拇指和食指比较浅地握住球拍拍肩,如图3-5所示。

图3-5 直拍浅握法

(3)深握法:是指握拍拇指和食指比较深地握住球拍拍肩,如图3-6所示。

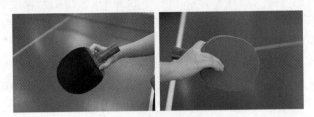

图3-6 直拍深握法

2. 直拍横打握拍法

直拍横打技术是在传统直拍打法的基础上的优化技术。由于进攻方式的改变,直拍攒打在握拍方式上也需相应地调整。主要表现在食指需牢固卡主拍肩扣住拍柄,拇指的位置相对握得比较直,中指、无名指和小拇指的握法已经不是呈现半环状,而是用中指和无名指的指端顶住球板,如图3-7所示。这样的握拍方式才能便于直拍反面进行击球。

图3-7 直拍横打握法

3. 直握球拍的特点

直握球拍,手腕比较灵活,可以在发球时利用手腕动作,使球的旋转、落点变化较大,对台内球的处理也较为有利,侧身进攻比较灵活。

4. 直握球拍的运用方法

正手攻球时,拇指与中指协调用力控制好拍形,食指放松,中指、无名指与小拇指呈弧形顶住背面,协同发力并保证持拍的稳定。

推挡时,拇指相对放松,食指和中指联动控制拍形。

(二)横握球拍法

拇指和食指自然夹住拍肩,食指伸直斜放于球拍的背面,拇指在球拍的正面轻按住拍面。虎口正中间贴拍柄正侧面,中指、无名指、和小拇指轻握住拍柄,如图3-8所示。

图3-8 横拍标准握法

如虎口处稍离开拍肩处,称为浅握法,如图3-9所示。

如虎口处紧贴拍柄正侧面,称为深握法,如图3-10所示。

1. 横握球拍的特点

(1)横握球拍与直握球拍比较,握拍比较简单,而且动作容易固定,易于发力,但灵活度相对较差。

(2)深握法的拍形比较容易固定,发力较容易,但手腕灵活性略差。浅握法的手腕相对灵活,处理台内球较容易,但发力相对差一些。

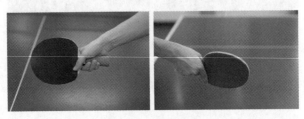

图 3-9 横拍浅握法

图 3-10 横拍深握法

2. 横握球拍的运用方法

(1)正手击球时,用食指顶住球拍背面,拇指与食指在虎口处适当夹住球拍的拍肩。

(2)反手击球时,用拇指顶住拍面,拇指和食指在虎口处适当夹住球拍的拍肩。

第二节 直拍推挡技术

直拍推挡球是直拍打法反手重要的基本技术之一,特别是在左推右攻打法中占有极其重要的地位。推挡具有站位近、速度快、动作小、变化多、稳定性强的特点,其种类包括平挡球、快推、加力推、减力挡、推下旋等。学习过程中要注意全身的协调发力,尤其是要注意击球过程中的重心交换及腰胯的协调发力。

运用推挡技术时,通常的站位及准备动作如下:根据运动员身材的不同,站位离台约40~50cm,多在球台左半台距左边线的1/3处;两脚开立,比肩略宽,左脚稍前或两脚平行;上身略前倾,身体重心在两脚间,双膝微屈;拍面呈半横状,拍形近于垂直;握拍时食指用力,拇指放松,上臂和肘部自然靠近身体右侧,上臂与前臂的夹角约为100°,肩部放松。

一、平挡球

1. 特点与应用

平挡球球速慢,力量轻,动作简单,容易掌握,它是初学者入门的技术。反复练习平挡球可以熟悉球性,体会击球时的拍形变化,提高控球的能力。在对方反击时,平挡球还能作为防御的一种手段。

2. 动作要领

选位:两脚平行或左脚稍前站立,身体离球台约40cm。非执拍手手臂自然弯曲,执拍手将拍置于腹前。

引拍:来球落台后,肘关节向后拉,将球拍引至身体前方,食指和中指用力,拇指放松,使拍面接近垂直台面。

击球:当来球跳至上升后期或高点期时,球拍向前推出,前臂与台面平行伸向来球。拍触球时,前臂和手腕稍向前移动,主要是借助对方来球的反弹力将球挡回。

击球后:迅速收回球拍,还原成击球前的准备姿势。

二、快推

1. 特点与应用

快推出手快,线路活,是学习其他推挡技术的基础。在对攻和相持中运用推两大角或突袭对方空当,能争取时间,使对方应接不暇,造成其直接失误或露出机会为自己的抢攻创造条件。快推一般适用于对付推挡球、中等力量的突击球和旋转较弱的拉球。

2. 动作要领(见图3-11)

选位:两脚平行或左脚稍前站立,身体离球台约40cm。

引拍:手臂自然弯曲并向外旋,拍面角度稍前倾,上臂和肘关节内收自然靠近身体右侧,将球引拍至身体前方。

击球:当来球跳至上升期时,前臂和手腕迅速向前略向上推出去。触球刹那手腕外旋,食指和中指用力,拇指放松,拍面稍前倾击球中上部。以前臂和手腕发力为主,随着球拍触球,拍面逐渐加大前倾角度。

击球后:迅速收回球拍,还原成击球前的准备姿势。

图 3-11 快推

三、加力推

1. 特点与应用

加力推力量大,球速快,能抑制对方的攻势。合理运用加力推能改变击球节奏,调动对方,争取主动。加力推与减力挡配合运用,能够有效地控制对方。加力推一般适用于对付速度慢、旋转较弱的上旋球或力量较轻的攻球及推挡。

2. 动作要领

选位:左脚稍前站立,身体距球台 40～50cm。

引拍:手臂自然弯曲并向外旋,拍面角度稍前倾,上臂上提,肘关节略靠近身体,将球拍引至身体前方较高处。

击球:当来球跳至上升后期或高点期时,上臂、前臂和手腕触及球的中上部,加速向前下方推压,同时蹬腿,转腰配合发力,重心前移。

击球后:手臂继续向前下方挥动,身体重心移至左脚上,然后迅速还原成基本姿势。

四、减力挡

1. 特点与应用

减力挡回球弧线低,落点短,力量轻,可以减缓来球的冲力。减力挡击球以借力为主,速度较慢,可以破坏对方击球节奏,遏制其攻势。减力挡多在加力推或正手发力攻迫使对方离台后使用,可调动对手使其前后奔跑,为自己抢攻创造机会。

2. 动作要领

选位:左脚稍前或平行站立,身体距球台约 50cm。

引拍:手臂外旋,拍面稍前倾,身体重心略升高,前臂稍收使拍面略高,放置身前即可。

击球:当来球刚刚弹起即触球中上部,保持拍面角度,在触球瞬间前移动作骤停或拍面略向后撤,借助来球的冲力使球回到对方台面。

击球后:手臂随势回收,还原成基本姿势。

五、推下旋

1. 特点与应用

推下旋推出的球略带下旋,弧线较低,落点长,球落台后向前滑,突然将球变为下旋,从而可使对方直接下网或不适应而陷于被动。推下旋常因战术需要配合使用,初学者不宜多用,以免影响快推动作的掌握。

2. 动作要领

选位:左脚稍前或平行站立,身体距球台约 40~50cm。

引拍:击球前向后上方引拍,手臂微内旋,拍面角度稍后仰。

击球:当来球跳至高点期或上升后期,球拍向前下方用力摩擦球体的中部,以压低回球弧线,触球瞬间拍形保持相对固定。

击球后:迅速调整重心,还原成基本姿势。

第三节　直拍横打技术

直拍横打是我国直拍运动员独创的一项技术。20 世纪六七十年代,我国直拍近台快攻打法一直引领着世界乒坛潮流,但进入 80 年代后,欧洲选手的弧圈球技术呈不断上升趋势,直拍打法受到了有力挑战,在两面弧圈球全方位进攻面前,直拍反手缺乏威胁性的弱点暴露无遗。为寻找出路,直拍借鉴了横拍反手技术,改变了原有直拍单面击球的状况。它是在球拍的另一面粘上海绵和胶皮,使球拍正反面都可以击球,使直拍打法重新焕发了生机。直拍横打一般包括快拨和弹打等与横拍反手技术相同的技术,但有横拍反手不具有的技术特点与风格。其特点是手腕灵活、动作自如、用力流畅。直拍横打完善、丰富、发展了直拍反手位技术,拓宽了快攻打法的球路,使传统的左推右攻打法朝着"两面开弓"方向发展,使直拍反手位的"死角"变活,是直拍的创新技术。

一、直拍反面快拨

1. 特点与应用

直拍反面快拨与传统的反手推挡相比,有适应范围广、力量强、速度快、回球角度刁、照顾面更宽等优点。直拍反面快拨技术是在相持中常用的技术,它和推挡结合能起到变化击球节奏的目的,是反手位进攻得分的辅助手段。直拍反面快拨用力较协调,动作流畅,但拍形控制有一定难度。

2. 动作要领(见图 3-12)

选位:站位近台,两脚平行站立,屈膝,根据来球落点调整身体位置,将来球置于身体略左侧前方。

引拍:击球前,手腕内收。将球拍向后下引,肘关节稍向前顶,右肩稍沉。

图 3-12 直拍反面快拨

击球：当来球跳至上升期，手臂前迎，以肘关节为轴，触球瞬间前臂手腕外旋，向前上方弹出，球拍适当摩擦球体的中上部，身体重心略前移。

击球后：前臂适度向右前方挥动，迅速还原成基本姿势。

二、直拍反手近台快撕

1. 特点与应用

直拍反手近台快撕具有站位近、动作小、球速快、攻击性强等特点。在比赛中，能扩大进攻范围，加强反手位的杀伤力，是直拍进攻型选手常用的一种主要基本技术。击球过程中要以肘关节为支点，注意肘关节的稳定性。

2. 动作要领（见图 3-13）

选位：站位以近台为主，根据来球的远近，选择合适的击球位置。

引拍：手臂自然弯曲，前臂外旋，肘部尽量贴近身体，手腕下压使拍形充分前倾，将球拍引至身体左腹下方。

击球：当来球跳至上升后期或高点期，拇指和中指用力，食指自然放松，前臂、手腕向右前上方发力，拍形充分前倾击球中上部。触球瞬间手腕、前臂快速收缩，腰、髋配合右转发力。整个动作幅度小而紧凑，动作过程中身体重心从左脚移至右脚。

击球后：随势挥拍到右肩前上方，随之迅速还原成准备姿势。

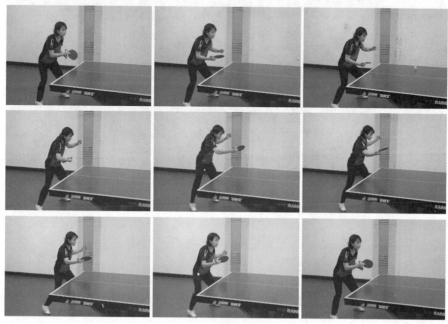

图 3-13　直拍反手快撕

三、直拍反面挑

1. 特点与应用

直拍反面挑技术主要用于台内的近网短球,发力突然,有一定的攻击性。

2. 动作要领(见图3-14)

选位:在判断来球的基础上,调整身体位置,若来球较长、较高,则站位可远一些;若来球近网较高,则需向前上步。可以右脚稍前站立,以便于发力。

引拍:击球前将球拍引至身体左前方,拍形控制成稍前倾状态,引拍高度比快拨略高一些。

击球:当来球跳至高点期或上升后期,前臂迅速向前下方挥摆,球拍击球的中上部,左脚蹬地,腰部向右转动以辅助发力。

击球后:重心略前移,球拍挥至右前方,随之迅速还原成基本姿势。

图3-14 直拍反面挑

四、直拍反手拧

1. 特点与应用

直拍反手拧技术主要用于台内的近网下旋短球,是"前三板"争抢阶段常用的一项技术。

2. 动作要领(见图 3-15)

选位:站位近台,右脚稍前,两脚开立比肩宽。

引拍:右脚向右前方插入台内,手腕自然下垂,拇指和中指用力,食指自然放松。

击球:当来球跳至高点期,肘关节抬起为轴,挥拍摩擦球的中部偏上位置,同时手腕外展,制造一定弧线。

击球后:随势挥拍的动作稍小一些,然后迅速还原成准备姿势。

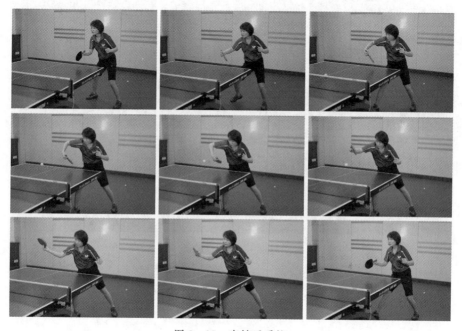

图 3-15 直拍反手拧

五、直拍反手拉弧圈球

1. 特点与应用

直拍反手拉弧圈球的旋转较强,并带有侧上旋的性质,是直拍反手位对付下旋球的比较有效的进攻技术。

2. 动作要领(见图 3-16)

选位:站位近台,右脚稍前站立,重心在两脚之间,两膝微屈,含胸收腹,身体的重心下降。

引拍:腰略向左转,肘关节略前,手腕稍稍内屈,手臂下沉引拍至腹部前下方。拇指压拍,食指放松,拍形稍前倾。

击球:当来球跳至高点期或下降前期摩擦球的中部偏上位置,向前上方挥拍。

击球后:随势挥拍的动作稍大一些,然后迅速还原成准备姿势。

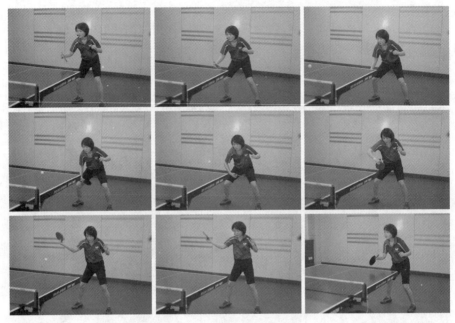

图 3-16 直拍反手拉弧圈球

六、直拍反面弹打

1. 特点与应用

直拍反面弹打技术具有动作小、速度快、突然性强等特点,在相持时与反手推挡结合运用效果更佳,在对付下旋球时也可使用。反面弹打是直拍运动员在相持中转为主动进攻的重要手段,也是必须掌握的反面主要技术之一。

2. 动作要领(见图 3-17)

选位:站位近台,两脚开立略比肩宽,左脚稍前。上臂抬起,身体重心略高一点。

引拍:肘关节稍前倾,前臂外旋,手腕稍内屈,拇指用力,食指放松,使拍形前倾。身体前迎,重心略高一点。

击球:在来球的上升期或高点期击球的中上部,触球瞬间要短促有力,以撞击为主,向前下方用力弹压。向下的力量越大旋转越强,向前的力量大一些旋转就稍弱。

击球后:手臂随势前送的动作不宜过大,然后迅速还原成准备姿势。

图 3-17　直拍反面弹打

第四节　正手攻球技术

攻球是乒乓球技术中最重要的基本技术,分为正、反手和侧身攻球技术。攻球是比赛中争取主动和得分的主要手段。正手攻球分为正手快攻、正手挑打、正手快拉、正手快带、正手突击、正手扣杀、正手中远台攻球、正手杀高球、正手滑板攻球等,良好的正手攻球技术是学习弧圈球技术的基础。

目前世界上各种类型的打法越来越多,技术水平都有了很大的提高,特别是弧旋球技术发展非常迅速,无论是在旋转还是在速度上都有了新的突破。再加上接发球的积极主动意识,这就对攻球技术提出了更高的要求。

一、正手快攻

1. 特点与应用

正手快攻具有站位近、动作小、球速快的特点。它是充分借助来球的反弹力,并利用落点的变化调动和控制对方,创造更好的进攻机会(如扣杀等)。这种技术是传统的中国近台快攻打法的一项主要技术,也是正手攻球技术里面最基本的和使用最多的技术。

世界上任何先进的打法都离不开快攻的技术,它不仅是构成快攻结合弧圈、弧圈结合快攻的核心技术,而且也是其他打法中的核心技术。因此,我们可以这样界定:快攻技术是一切打法的基础。

2.动作要领(见图3-18)

选位:站位离球台约40~50cm,两脚之间宽度比肩稍宽,右脚后撒半步,脚尖稍微向外打开,含胸收腹,两膝微屈,重心放在前脚掌,目视前方。

引拍:球拍引至身体右侧,肘离身体约一拳距离,拍面稍前倾,腰、髋发力带动大臂和前臂,保持拍形固定。

击球:保持拍形前倾状态,以肘关节为中心轴向左斜前方发力,撞击球的中部或中上部,在来球的上升期击球。

击球后:手臂顺势收回,身体快速还原。

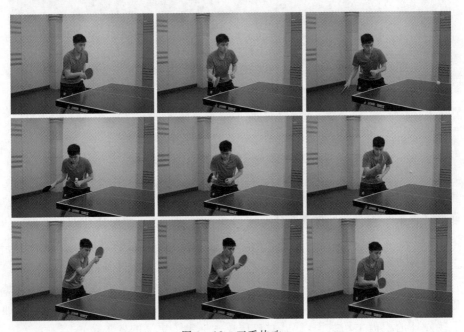

图3-18 正手快攻

二、正手挑打

1.特点与应用

正手台内挑打,具有站位近台、动作小、球速快、突然性强、线路灵活的特点,有利于对付近网短球。

在比赛中,正手挑打可用于正手位接发球和对付一般上旋球等。此项技术结合线路和落点的变化来调动对手,创造进攻机会,转被动为主动,是进攻型选手的重要得分手段之一。

2.动作要领(见图3-19)

选位:站位靠近球台,上身呈前倾状态,当来球在右方时右脚上步,当来球在中路或左方时左脚上步。

引拍:小臂带动大臂伸向台内迎球,手腕稍向外打开,拍形根据来球的旋转调节。

击球:根据来球的旋转调节拍面和接触球拍的部位。当来球为上旋或不转球时,拍面稍向前倾,接触球的中上部,以前臂向前发力为主,手腕根据来球旋转调节力度;当来球为下旋球时,拍面略微后仰,摩擦球的中下部,以手腕发力为主,手腕和前臂向前上方摩擦。触球要有突然性,始终将身体重心放在上步脚上。

击球后:手臂顺势收回,身体快速还原。

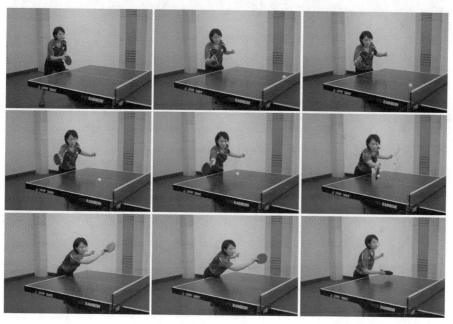

图3-19 正手挑打

三、正手快拉(亦称小弧圈球)

1.特点与应用

正手快拉又称拉攻,多为正胶选手使用,具有出球较快、动作较小、线路变化多的特点。在比赛中,可通过摩擦发力拉出节奏不同、落点变化较多的上旋球,作为一项过渡技术,为扣杀创造条件,是对付下旋发球、搓球和削球的一项主要技术。

2. 动作要领(见图 3-20)

选位:站位近台,右脚后撤半步。

引拍:右肩和前臂下沉,将球拍引至身体右下方,略低于来球。

击球:当来球跳至高点期或下降前期,大臂带动前臂加速向左前上方挥动迎球,同时腰、髋配合腿部蹬起向上向前协调发力,动作过程中重心从右腿移至左腿。来球下旋弱时,拍面稍压击球中部,向前摩擦大于向上摩擦的力;来球下旋强时,拍面稍后仰击球中下部,多向上摩擦。动作的发力部位以前臂手腕为主,带动大臂向前向上击球。

击球后:手臂顺势延展一段,身体快速还原。

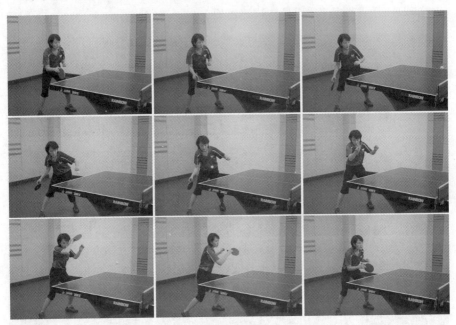

图 3-20 正手快拉

四、正手快带

1. 特点与应用

正手快带具有出手快、弧线低、落点活、改变节奏、借力中发力的特点,多用于对付弧圈球。在比赛中,可以用来削弱来球的旋转和速度,降低对方的回球质量,达到由被动防御转为主动进攻甚至直接得分的效果。

2.动作要领(见图3-21)

选位:站位近台,左脚稍前,根据来球调整到最佳的击球位置。

引拍:手臂自然弯曲,将球拍引至身体右侧稍靠前的位置,高于来球,拍形角度前倾较多,几乎是原位迎球,向后引拍很少。

击球:当来球跳至上升前期,拍形前倾,手腕保持相对稳定,借助腰、髋的转动,前臂迎前带击,击球的中上部。以借力为主,利用身体重心和手臂的力量稍向前摩擦。

击球后:手臂和身体在击球后顺势一起快速还原。

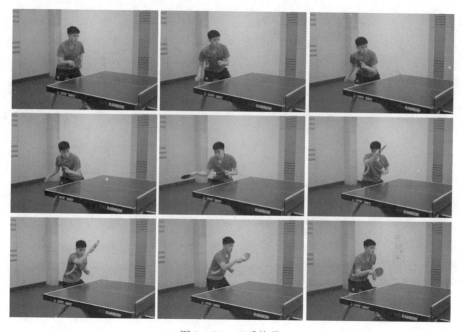

图3-21 正手快带

五、正手突击

1.特点与应用

突击也称低球起板,多为正胶快攻型选手使用,具有动作较小、出球较快、突然性强、攻击性强的特点,多用于对付下旋球和削球。

2.动作要领(见图3-22)

选位:站位靠近台,右脚稍后,根据来球调整到最佳的击球位置。

引拍:手臂自然弯曲,手腕内旋,随着腰、髋的右转,将球拍引至身体的右侧方,重心放在右腿上。

击球:当来球跳至高点期(或上升后期),大臂带动前臂加速快收,同时腰、髋配合腿部蹬起协调发力,击球中部。视来球高低和下旋力的强弱,决定拍形和发力方向。来球下旋强时,拍形稍后仰,触球中下部,多向上摩擦的同时向前发力;来球下旋弱时,拍形与台面垂直(或稍稍后仰),触球中部或中部略偏下部,向前上方发力;来球不转时,拍形稍前倾,触球中部略偏上,多向前发力。发力一般宜掌握在50%~70%左右。来球低且下旋强烈,用50%的力量就行了;来球稍高或下旋力不强,可适当加大力量。

击球后:手臂顺势延展一段,身体快速还原。

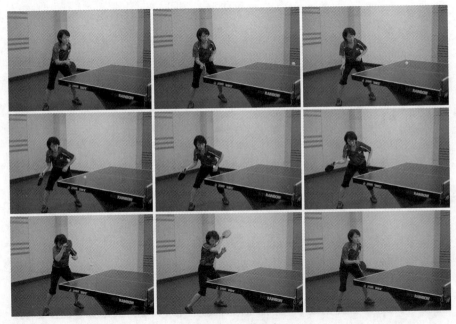

图 3-22　正手突击

六、正手扣杀

1. 特点与应用

正手扣杀具有动作较大、球速快、威胁大、攻击性强的特点。在比赛中,用其他技术取得主动优势后或对方回接出半高球时运用扣杀,是比赛中主要的得分手段之一。

2. 动作要领(见图 3-23)

选位:右脚稍后,站位视来球调整到最佳的击球位置。

引拍:手臂自然弯曲并作内旋,拍面稍前倾,随着腰和髋的转动,将球拍引至身体的右后方,拉大击球的距离。

击球:当来球跳至高点期(位置合适时可在上升期),大臂带动前臂同时加速向左前下方发力挥动,拍面稍前倾,击球中上部,撞击为主,略带摩擦(近网球除外)。发力部位以大臂、前臂为主,腰、髋配合发力,整个击球的力量要突然、集中,动作过程中身体重心从右脚移至左脚。

击球后:手臂顺势延展一段,身体快速还原。

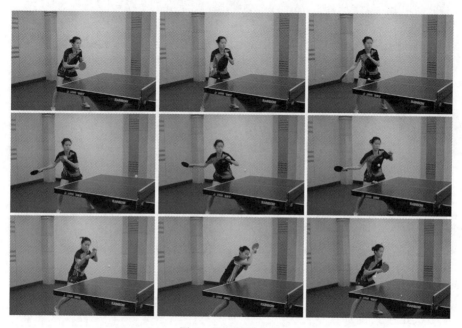

图 3-23　正手扣杀

七、正手中远台攻球

1. 特点与应用

正手中远台攻球是对攻中常用的一项技术,站位较远,步伐移动范围也比较大。在比赛中,正后中远台攻球可用于被动防御时的过渡,也可直接得分,常用于侧身攻球后扑正手或正手打回头。

2. 动作要领(见图 3-24)

选位:右脚稍后,身体距球台约 1.5m。

引拍:前臂自然弯曲并作内旋,拍面接近垂直,随着腰和髋的转动,将球拍引至身体的右后方,加大击球的距离。

击球：当来球在高点期或下降前期，大臂带动前臂同时加速向左前上方挥动，腰、髋左转配合发力，拍面接近垂直，击球中部或中上部并发力摩擦。发力部位以大臂、前臂为主，腰、髋配合，动作过程中身体重心从右脚移至左脚。

击球后：手臂顺势延展一段，身体快速还原。

图 3-24　正手中远台攻球

八、正手杀高球

1. 特点与应用

正手杀高球具有动作大、力量重、杀伤力强、击球点较高的特点，在比赛中，主要用于击打肩部以上高度的来球和机会球，往往能直接得分。

2. 动作要领（见图 3-25）

选位：右脚稍后，身体离球台略远。

引拍：手臂内旋，拍面前倾，整个手臂随着腰、髋向右转动尽量向右后方引拍，增大击球的距离以发出最大力量。

击球：当来球跳至下降前期或略高于肩膀时，随着右脚蹬地，腰、髋向左转动，整个手臂由后下方向左前方加速挥动，身体重心向左脚转移，随后手臂加速向左前下方挥动，拍面前倾击球中上部。发力部位主要以大臂为主，腰、髋的力量要充分配合，动作过程中身体重心由右脚移至左脚。杀高球又可细分为两种：

当来球从高点期稍下降后才出手击球,即慢杀,相对稳健,且能够集中全身之力;在来球刚跳起时的上升期触球,即快杀,由于击球节奏突然改变,常使对方措手不及,但这种方式稍有不慎就易失误,力量也比慢杀略小。

击球后:手臂顺势延展一段,身体快速还原。

图 3-25　正手杀高球

九、正手滑板攻球

1. 特点与应用

滑板攻球是乒乓球的一项辅助技术,具有球路变化、旋转变化、突然性强、迷惑性强的特点。在比赛中,结合扣杀运用,能起到声东击西的作用,增加对手的回球难度,为自己进攻创造条件。

2. 动作要领(见图 3-26)

选位:左脚稍前,站位近台。

引拍：手臂自然弯曲并略高于台面，将球拍引至身体的右侧前方。

击球：当来球跳至高点期，前臂伸至台内，拍形稍前倾，手腕外展，使拍面方向向右侧方，快速摩擦球的中部向左侧方滑动。发力部位主要以前臂为主，手腕控制好拍形角度，动作过程中身体重心由右脚移至左脚。整个动作不要太大，要有隐蔽性。用正手滑板攻直线时，挥拍似打斜线，球拍触球时手腕略微外展突然压直线。

击球后：手臂和手腕顺势延展一段，身体快速还原。

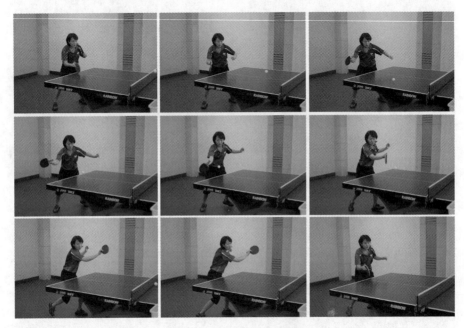

图3-26　正手滑板攻球

十、正手放高球

1.特点与应用

正手放高球作为一种防守技术，具有站位远、弧线高、落点活、上旋力强的特点。在比赛中，它是为选手赢得攻防转换时间的一种手段。

2.动作要领（见图3-27）

选位：两脚基本站平，站位远台，根据来球调整步伐。

引拍：前臂放松下沉，将球拍引至身体右后下方。

击球：当来球跳至下降后期，前臂随大臂向前上方挥动，拍面根据来球调整后仰角度，摩擦球的中后部，尽量抛高弧线，可利用手腕增加旋转和落球点的变化。

击球后:整个手臂继续向前上方延展,身体快速还原。

图3-27 正手放高球

第五节 横拍反手技术

一、横拍反手快拨

1.特点与应用

快拨是横拍反手必备的一项技术,具有动作小、出球快、落点变化灵活的特点。在比赛中,快拨多用来对付上旋球,虽有一定的速度,但力量较差,由于其攻击性不强,要注意快速还原和后面的衔接板。

2.动作要领(见图3-28)

选位:站位近台,两脚基本平行站立,与肩同宽,两膝微屈,站在左半台中间位置,重心置于两腿之间。身体距离球台大约40~50cm。

引拍:沉右肩,手臂自然弯曲并略外旋,手腕内收,保持拍面前倾,球拍向后下引,肘关节稍前顶,将球拍引至腹前偏左的位置。

击球:当来球跳至上升期,以肘关节为轴,前臂主动前迎。触球时加快前臂挥摆速度,向右前方挥拍。适当摩擦球体中上部,以击打为主。需要注意的是击球时手腕尽量不要动,以保持击球的稳定性。

击球后:前臂和手腕顺势延展,但不宜太长,身体快速还原。

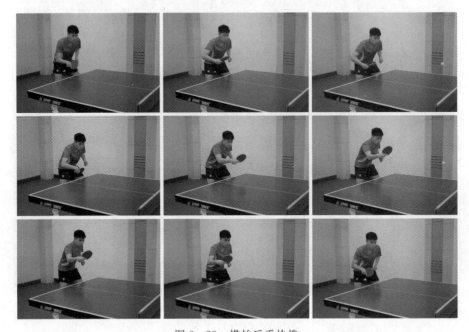

图 3-28 横拍反手快拨

二、横拍反手挑球

1. 特点与应用

反手挑球(以右手执拍为例)主要用于左方台内的近网短球,发力突然,有一定的攻击性。

2. 动作要领(见图 3-29)

选位:在判断来球的基础上,调整身体位置,若来球较长、较高,则站位可远一些;若来球近网较高,则需向前上步。可以右脚稍前站立,以便于发力。

引拍:击球前将球拍引至身体左前方,拍形控制成稍前倾状态,引拍高度比拨球略高一些。

击球:当来球跳至高点期或上升后期,前臂迅速向前下方挥摆,球拍击球的中上部,左脚蹬地,腰部向右转动以辅助发力。

击球后:重心略前移,球拍挥至右前方,迅速还原成基本姿势。

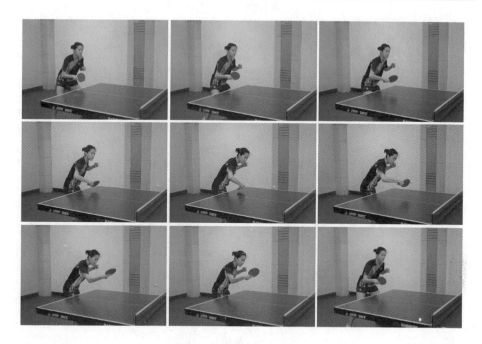

图 3-29 横拍反手挑球

三、横拍反手拧拉

1. 特点与应用

反手拧拉技术主要用于全台的近网下旋短球,是"前三板"争抢阶段常用的一项技术。

2. 动作要领(见图 3-30)

选位:站位近台,两脚开立比肩宽,右脚上前,将重心调整至右脚。

引拍:注意时机,确保来球与前臂保持一定的距离。上半身收腹前倾降低重心,右手抬高肘关节并以此为轴,前臂内旋,手腕大幅度内敛,球拍与球台为近似水平状态,球拍头部向下指向己方腹部位置。

击球:球拍向前上方呈半弧状挥动,在来球的最高点,前臂以肘关节为轴,带动手腕快速发力。摩擦球的中左侧部,击球点一般位于胸部正前方。

击球后:随势挥拍的动作稍小一些,然后迅速还原成准备姿势。

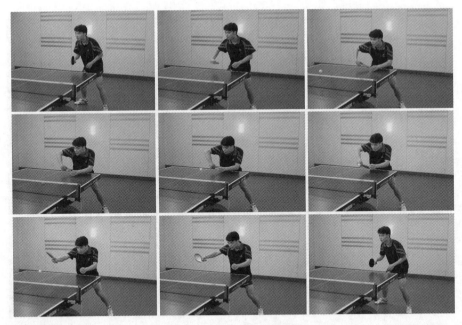

图 3-30 横拍反手拧拉

四、横拍反手弧圈球

1. 特点与应用

横拍反手弧圈球具有速度快、旋转较强、落点变化突然等特点,是主动上手的有效技术,可以为正手进攻创造良好的机会。

2. 动作要领(见图 3-31)

选位:站位近台,右脚稍前站立,重心在两脚之间,两膝微屈,含胸收腹,身体的重心下降。

引拍:右肩下沉,肘关节略向前顶出,球拍向下后方引至腹下,手腕下垂,适当放松,拍形稍前倾。

击球:当来球跳至高点期或下降前期摩擦球的中部偏上位置,在腹前方击球,向前上方挥拍,前臂以肘关节为轴,快速挥动并带动手腕协同发力,同时两腿向前向上蹬伸以辅助发力。

击球后:随势挥拍的动作稍大一些,然后迅速还原成准备姿势。

图 3-31 横拍反手拉弧圈球

五、横拍反手弹击

1. 特点与应用

横拍反手弹击技术的特点主要为站位近、动作小、突然性强、节奏变化多等。弹击技术在比赛过程中多用于相持阶段,使用该技术主要是利用速度、节奏的变化来争取主动和制造机会。

2. 动作要领(见图 3-32)

选位:站位以近台为主,身体距球台端线 50～70cm。

引拍:手臂自然弯曲,前臂上提,手腕内收,引拍幅度较小,将球拍置于身体前方,拍面保持前倾状态。

击球:当来球跳至高点时,拍形略前倾,击球中上部。触球瞬间手腕要有爆发力,动作幅度小,腰、髋配合右转发力。

击球后:随势挥臂动作较小,身体迅速还原成准备姿势。

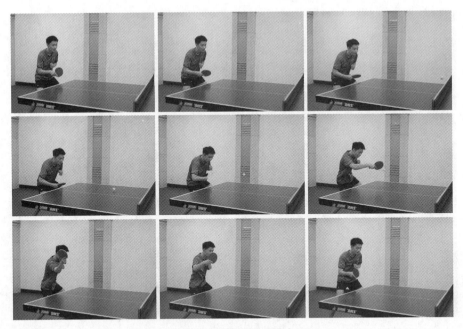

图 3-32　横拍反手弹击

六、横拍反手快撕弧圈球

1. 特点与应用

横拍反手快撕弧圈球技术的特点是动作小,旋转强,速度快,在比赛中的使用频率很高,通常用于上旋球的相持,在相持中可以提高击球的质量。

2. 动作要领(见图 3-33)

选位:站位近台,左脚稍前,两膝微屈,含胸收腹,身体的重心下降。

引拍:球拍适当前倾,右肩和肘关节略微提起,球拍向后方稍引拍,引拍位置略高。

击球:在上旋来球的上升前期,球拍向前上方挥动,击球点在胸腹前方。击球时,握紧球拍,向前快挥,用拇指和食指夹住拍肩,控制来球的旋转,快速摩擦球的中上部。

击球后:控制挥拍距离,迅速还原成准备姿势。

图 3-33 横拍反手快撕弧圈球

七、横拍反手带球

1. 特点与应用

带球是横拍反手必备的一项技术,动作幅度比反手拨球稍大,具有节奏快、落点变化灵活等特点。在比赛中,多用来对付上旋球,其速度快于拨球、力量大于拨球、攻击性强于拨球,经常能实现"一板转攻"。

2. 动作要领(见图 3-34)

选位:左脚稍前,两膝微屈,含胸收腹,身体重心下降,离台约 40~50cm。

引拍:手臂弯曲内旋,拍面前倾,引拍至身体右侧,手臂手腕向左前迎球,腰髋向左转动,球拍高于来球。

击球:在来球的上升期,击球中上部,同时借助腰、髋的转动,手臂球拍迎球带击。手腕相对稳定,不宜转动,身体重心由右脚移至左脚,动作较小。

击球后:随势挥臂动作较小,随后迅速还原成准备姿势。

图 3-34 横拍反手带球

第六节 发球技术

发球是比赛中每一分球的开始,在乒乓球技术中,是唯一不受对方来球制约的技术,其特点是主动性强、变化多。发球员在单打比赛中可以按照自己的思路站在任何位置,发出任何线路、落点、旋转的球。质量高的发球可以直接得分,造成对方失误或与自己下一板抢攻、抢拉结合,构成威胁性很强的发球抢攻战术。

在发球的质量方面,要求发出去的球速度快、旋转强、落点刁。在发球的变化方面,要做到出手隐蔽、突然。在同一位置上,采用相似的手法,在接触球的一刹那灵活地运用手腕去摩擦球拍的不同部位,发出各种变化、旋转的球,利于自己的抢攻。

在发球的性能方面,呈现出两种情况:一种是以速度、落点为主配合旋转,发球出手动作快,落点准确,长球发至端线底边,短球则发至近网处;另一种是以旋转反差为主,配合落点和速度变化,而发球动作又很相似。

发球的变化很多,按形式来划分,可分为低抛球、高抛球和下蹲式发球;按方位划分,可分为正手发球、反手发球;按性质来划分,可分为速度类发球、落点类发球、旋转类发球。

下面就几种主要的发球技术加以分述。

(一)平击发球

1. 特点与应用

平击发球分正手平击发球和反手平击发球两种,是一种运动速度慢、力量轻、旋转弱的一般上旋球,是初学者最基本的发球方法,也是掌握其他复杂发球的基础。

2. 正手平击发球

动作要领(见图3-35):站位近台中间偏左半台,左手掌心托球于身体前方向上抛起,抛球同时右侧上方引拍,小臂带动大臂向前平行挥动,拍型稍前倾。当球下降至腹前时,右臂从身体右侧方向左前方挥动,击球中上部,使球的第一落点在球台的端线附近,击球后,手臂继续向左前方随势挥动一段后,迅速还原成准备姿势。

图3-35 正手平击发球

3. 反手平击发球

动作要领(见图3-36):站位球台中间偏左处,右脚稍前或两脚平行站立,身体略向左转,含胸收腹,左手掌心将球置于身体左侧前方向上抛起,持拍手向左后方引拍,拍型稍前倾。当球下降至腹前时,球拍向右前下方挥动,击球中上部,使球的第一落点靠近端线。击球后,手臂和手腕继续向右前方随势挥动一段后,迅速还原成准备姿势。

(二)发奔球

1. 特点与应用

奔球分正手奔球和反手奔球两种,它的特点是球速快、冲力强、球的飞行弧线低、角度大且突然性强。在比赛中，若有目的地要与对方形成中、远台相持球时，采用此种发球很有效。

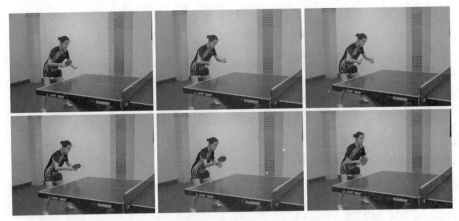

图3-36 反手平击发球

2.正手发奔球

动作要领（见图3-37）：左脚稍前，身体侧对球台，左手掌心托球置于身体右侧前方，当球向上抛起的同时，持拍手随即向右上方引拍，拍型稍前倾或后仰，前臂自然下垂，当球下降至网高时，以肘关节为轴，前臂带动大臂从右后向左前方挥动，触球瞬间运用手腕的力量弹击，第一落点靠近端线，击球后，手臂继续向左前方随势挥动，随后迅速还原。如击球时拍面前倾，为上旋球，拍面后仰，为下旋球。

3.反手发奔球

动作要领（见图3-38）：右脚稍前或平行站立，左手掌心托球置于身体左侧前方，当球向上抛起的同时，持拍手随即向左后方引拍，使拍面保持前倾或后仰，大臂自然靠近身体，手腕适当放松，当球下降至腹前时，持拍手以肘关节为轴，小臂带动大臂由左后方向向右前方挥动，击球中上部，触球的瞬间前臂加速向右前方挥动。球击出后第一落点靠近球台端线。击球后，手臂继续向右前上方随势挥动，随后迅速还原。如击球时拍面前倾，为上旋球，拍面后仰，为下旋球。

(三)发转与不转球

1.正手发转与不转球

特点与应用：它是指发球者用正手以相似的动作发出旋转强弱差异比较大的球，这种球相对速度较慢，前冲力小，旋转反差较大。在比赛中，可以在旋转上迷惑对方，发出旋转反差较大的强烈下旋与不转球，造成对手判断错误而直接得分，或为第三板进攻创造机会。下旋加转发球与不转球配合使用时，由于发球手法近似,易使对方回接下网、出界或出高球。

图 3-37 正手发奔球

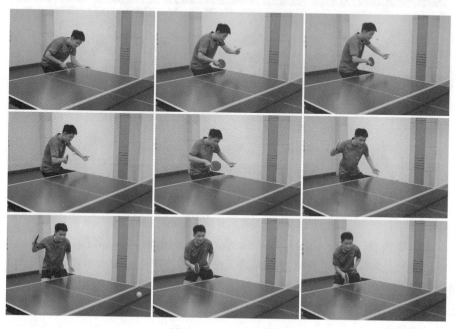

图 3-38 反手发奔球

动作要领(见图 3-39):左脚稍前站立,左手掌心托球于身体右侧前方向上抛球,抛球的同时持拍手向后上方引拍。拍面稍后仰,手腕适当外展,手臂放松,腰向右转以便于发力。当球下降至腹前时,前臂迅速向前下方挥动,发球后,挥拍动作尽可能停住,以便于还原。

发下旋球时,拍面后仰,用球拍的下半部分去摩擦球的中下部,拇指、食指、手腕在触球的瞬间加强爆发力,向球底部摩擦,使球产生较强下旋。

发不转球时,拍面稍后仰,用球拍的中上部去碰击球的中部或中下部,主要是拍与球接触的一瞬间,球拍向前撞击,手腕用力较小,减少向下的摩擦力。

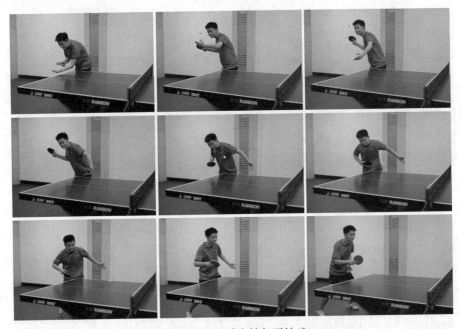

图 3-39 正手发转与不转球

2.反手发转与不转球

特点与应用:与正手发转与不转球基本相同,反手发下旋加转球时,往往与反手不转球相配套,一般横拍两面攻打法的选手多采用此发球。在落点上运用斜线、直线,长球和短球的巧妙配合,有利于第三板的进攻。

动作要领(见图 3-40):两脚平行站立或右脚稍前,重心降低,身体略向左转动,左手掌心托球置于身体左前方向上抛球,持拍手向后上方引拍,拍面后仰,当球下降至腹前时,前臂加力向左前下方发力。若发长球,第一落点靠近本方球台端线;若发短球,第一落点靠近球网。击球后,手臂继续向右前下方随势挥动,随后迅速还原。

发下旋球时,用球拍的前半部分去摩擦球的中下部,在触球的瞬间手腕用力摩擦球。

发不转球时,用球拍的后半部分去碰击球的中部,手腕和前臂有向前送球的感觉。

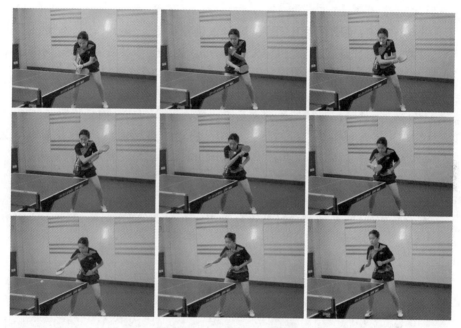

图 3-40　反手发转与不转球

(四)发侧上(下)旋球

1. 正手发左侧上(下)旋球

特点及应用:正手发左侧上(下)旋球,是运动员在比赛中运用较多的发球方法。这种发球以旋转变化为主,飞行弧线向对方左侧偏拐。它具有一定的稳定性,能起到迷惑对方的作用。

动作要领:左脚在前,右脚在侧后,身体侧对球台,左手掌心托球置于身体右前方,当球向上抛起的同时持拍手向右后上方引拍,身体随之向右转动,拍面稍后仰,手腕外展。横握球拍时要将原来握于拍柄的中指、无名指、小指置于拍柄后,以提高手腕灵活性和手指的瞬间用力,来增加发球的旋转变化。当球下降至腹前时,手臂自右上方向左下方挥拍,球拍触球瞬间手腕快速向左上方转动,食指与大拇指握紧,抵住球拍(直握球拍),在球拍触球的瞬间加大前臂、手腕的爆发力,击球后,手臂继续向左方随势挥动,然后迅速还原。

发左侧上旋球时,球拍触球的瞬间手腕快速向左上方转动,拍面保持后仰近垂直状态,使拍面接近垂直摩擦球体中部,如图3-41所示。

发左侧下旋球时,球拍触球的瞬间手臂快速向左下方挥动,拍面保持后仰状态,球拍从球的中下部向左侧下部摩擦,腰要配合向左转动,如图3-42所示。

2.反手发右侧上(下)旋球

特点与应用:反手右侧上(下)旋球与正手发左侧上(下)旋球基本相同,飞行弧线向对方的右方偏拐,以旋转变化为主,可以运用近似手法发出两种不同旋转的球,能起到迷惑对方的作用。

动作要领:站位左半台,右脚稍前或平行站立,左手掌心托球置于身体左前方向上抛球,抛球的同时持拍手向左后方引拍,腰略向左转,拍面稍后仰,当球下降至腹前时,手臂自左上方向右下方挥拍。在触球瞬间加大前臂、手腕的爆发力,同时注意配合身体转动,使腰、臂协调用力,以利于增大发球的速度和旋转。

发右侧上旋球,球拍触球时手腕向右上方转动,摩擦球的中下部,如图3-43所示。

发右侧下旋球,球拍触球时手腕向右下方转动,拍面稍后仰,摩擦球的中下部,如图3-44所示。

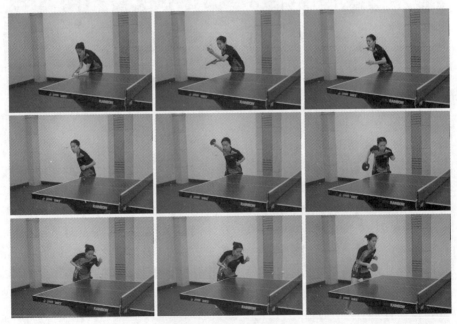

图3-41 正手发左侧上旋球

第三章 乒乓球主要基本技术

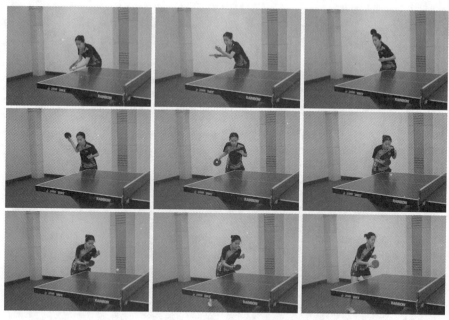

图 3-42 正手发左侧下旋球

图 3-43 反手发右侧上旋球

图 3-44 反手发右侧下旋球

(五)钩手发球

特点与应用：钩手发球现在越来越多地在比赛中被高水平运动员使用，其效果非常明显，往往能有效地控制住对方接发球抢攻的质量。钩手发球主要能很好地控制球的飞行弧线。这种发球以右侧旋为主，隐蔽性比较强，飞行弧线向对方右侧偏拐。以右手执拍为例，运动员侧身位能发出很好的正手位短球。

动作要领(见图 3-45)：站位一般在球台左侧或者中间，左脚在前，身体半侧对球台，身体重心较低，左手掌心托球置于身体右前方，抛球的同时执拍手向内勾，拍面稍后仰，拍头指向自己，向身体右后方引拍，当球快落至腹前时，右腿向左腿重心交换，发右侧上旋球时，触球的瞬间摩擦球的右侧中上部，挥拍方向向前、向上为主；发右侧下旋时触球的瞬间摩擦球的右侧中下部，挥拍方向向下为主。击球后，前臂和手腕要迅速制动，然后快速还原。

(六)高抛发球

特点与应用：高抛发球除具有低抛发球的特点外，和低抛发球技术动作近似。发球员将球抛至两米以上高度时，利用球下落时的加速度增大对球拍的压力，从而加快了出手的速度和突然性，以及增强的旋转增加了对方接发球的难度。它具有出手快、旋转强、变化多的特点。高抛发球有正手和反手两种。

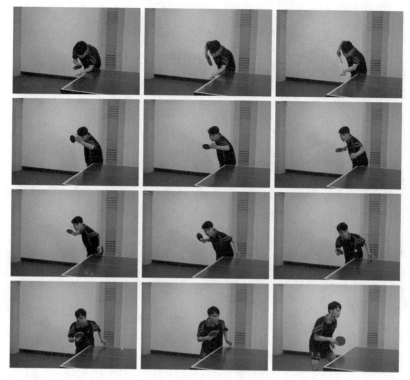

图 3-45 钩手发球

1. 正手高抛发球

动作要领(见图 3-46):站位一般在反手位,右脚稍后,持球手一侧身体与球台约距 2cm。抛球时,持球手肘部要略靠体侧,手托球略高于台面,手腕固定,用前臂带动手腕向上抛起,让球抛起时接近垂直,尽量减少手腕动作。当球抛起后,执拍手臂立即向左侧后上方引拍,手腕也随之外展,身体向右转,待球落至比网稍高时开始挥臂击球。拍与球接触的一瞬间,动作与发低抛左侧上下旋球相似,但挥拍速度应更快一些。

2. 反手高抛发球

动作要领(见图 3-47):站位在左半台,右脚稍前或两脚平行站立,腰略向左转,左手掌心托球置于身体前方将球向上抛起。抛球时,持球手肘部要略靠体侧,手托球略高于台面,手腕固定,用前臂带动手腕向上抛起,让球抛起时接近垂直,尽量减少手腕动作。当球抛起后,执拍手臂立即向左侧后上方引拍,手腕也随之内旋,身体向左转,待球落至比网稍高时开始挥臂击球。拍与球接触的一瞬间,动作与发低抛右侧上下旋球相似,但挥拍速度应更快一些。击球后,手臂向前下方随势挥动,随后迅速还原。

图 3-46 正手高抛发球

图 3-47 反手高抛发球

(七)下蹲式发球

特点与应用:下蹲发球在当今的乒乓球比赛中已运用较少,也正因为如此,在比赛中偶尔使用往往会令对手感到陌生、突然和不适应。由于摩擦球的部位和方向与站立式发球不同,球拍多摩擦球体的上半部,所以发出的旋转球落到对方台面时,反弹方向也不同于其他发球。具有突然性强、旋转变化多和新异性强等特点。下蹲式发球基本上有2种,一种是呈半蹲姿势击球先由站立姿势将球抛起;另一种是半蹲姿势将球抛起,然后击球。

1. 正手下蹲发右侧上旋球和右侧下旋球

动作要领(见图3-48):左脚在前,右脚稍后,身略向右偏斜。左手掌心托球置于身体右前方,将球向后上方抛起,球拍上举至肩高,拍面方向略向左偏斜,同时做下蹲姿势,两膝弯曲成深蹲状,当球下降至头部高度时,持拍手迅速由左向右挥拍,手腕放松,挥拍路线呈半圆形。击球后,手臂手腕继续向前上方随势挥动,随后迅速还原准备下一板击球。

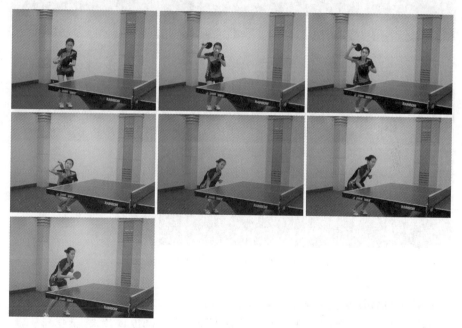

图3-48 正手下蹲发右侧上(下)旋球

发右侧上旋球时,拍面触球的左中部并向右侧上部摩擦,越网后向左侧方偏拐。

发右侧下旋球时,区别是球从高点下降高于网时,球拍要比球高,摩擦球的中部并向右侧下部摩擦,前臂从左向右前下方挥动。

2. 反手下蹲发左侧上旋球和左侧下旋球

动作要领(见图3-49):身体正对球台,两脚平行开立,球向上方抛起,持拍手向右下方引拍,手腕内收,两膝弯曲成深蹲状,当球下降至平行于网或稍高于网时,持拍手加速由右上方向左下方挥拍,手腕同时外展,击球中部向左侧下方摩擦。发球后,手臂继续向前下方挥动,随后迅速蹬起准备下一板击球。

发左侧上旋球时,拍面触球的右中部并向左侧上方摩擦,越网后向右侧方偏拐。

发左侧下旋球时,拍面触球的正中部向左侧下部摩擦,越网后向右侧方偏拐。

图3-49 反手下蹲发左侧上(下)旋球

(八)逆旋转发球

特点与应用:逆旋转发球是近年来发明的一项新的发球技术,是乒乓球发球技术里的高级技术,也是比较难练难掌握的技术。其手腕发力集中,动作隐蔽,旋转较强且富有变化。用正手发出的球同样能有类似反手发球的性质。

动作要领(见图3-50):左脚在前,右脚稍后,身体侧对球台,用拇指、食指和中指握住拍肩(横拍),引拍时大臂抬至高点,肘部抬高,拍柄绕过手腕以加大击球力度。当球向上抛起时,身体重心在右脚,通过重心转移,将重心由右脚转向左脚,由腰带动手,使出手方向向前向下,并且抛球不要太高,抛球的角度应稍靠近自己的身体,击球高度较正常发球高一些,击球点摩擦的位置决定了发球的质量,根据摩擦球拍的不同部位可发出上旋球、下旋球、侧上旋球和侧下旋球。发下旋球时,可接触球的底部;发逆侧下旋球时,应摩擦球拍的中上部,沿球拍外弧线摩擦;发逆上旋球则撞击球的底部,摩擦得越薄,时间越长,球旋转越强。

图 3-50 逆旋转发球

总结:在乒乓球发球的所有技术动作中,引拍过程是其最为核心的部分。引拍动作需要上肢在各技术动作过程中,将力量直接传递至球拍,最终通过球拍对球体的击打、摩擦产生运动,而球体的运动效果、得分成功率等情况,都将直接体现出上肢在控制过程中的标准与否。

发球落点的好坏是一场比赛制胜的关键,是发球质量的体现之一,一个质量高的发球可以直接让对方失误,使自己得分,或给对方造成很大的接球困难,使其回球质量不高,给自己营造进攻机会。

第七节 接发球技术

乒乓球的比赛首先是从发球接发球开始,每局比赛双方发球与接发球的机会相同,相对其他环节而言,接发球的难度最大。接发球最常用、最基本的技术是推、攻、搓。但是,随着乒乓球技术的不断更新和发展,对运动员在比赛中的技术发挥、心理承受能力、应变能力都提出了更高的要求,力争主动,抢先上手的战术思想已经在比赛中展现得淋漓尽致。运动员要在最短的时间里,准确判断对方来球的落点、速度、旋转,然后采取最合理、有效的方法进行回接。

由于国际乒联颁布的无遮挡发球规则和使用大球后与原来的小球相比,发球的旋转下降、速度变慢,这就使接发球方在准备时间里有相对较多的时间判断来球,思考如何运用各项技术更合理地处理每个球。尽管这样,要接好每个发球仍然是很困难的。所以,不断提高接发球的能力,合理地把所掌握的技术运用到接发球中,是迅速提高比赛实战能力的关键。

一、站位的选择

站位的选择是否合理,主要根据是这种站位是否能为自己直接进攻创造一定的有利条件,要观察对方的站位情况,并根据个人打法特点来选择站位。一般来讲,接发球的站位都在中间偏左半台(右手执拍),身体离球台约 40~50cm 为宜。如果对方准备用正手在球台的右角发球,考虑到右方斜线来球角度大,接发球点则应调整至球台中间位置,以便于照顾全台。

二、对来球的判断

正确的判断是接好发球的首要环节,判断上不出现较大的偏差,才能更好地运用接发球技术。

(一)对旋转的判断

乒乓球发球中常出现的旋转主要有左侧上、下旋,右侧上、下旋,转与不转等,并通过发球者利用各种发球方式,将这些旋转性质表现出来,如用正、反手发球,高抛发球和下蹲发球等。在判断旋转性质时,可以从以下几个方面考虑。

(1)拍形:从对方发球时拍面角度来判断上下旋。发上旋球时,板形都比较竖,发下旋球时比较平、斜。一般情况下,球拍从上向下挥动是下旋,从下向上是上旋,从左向右是右侧旋,从右向左是左侧旋。但是千万不要被对方触球前后的一些假动作所迷惑。单一性能旋转发球比较容易判断,如果两种及以上旋转相结合,判断起来就相对比较困难。

(2)动作轨迹:从对方发球摆臂幅度大小和手腕用力程度判断来球旋转强弱。发上旋球和不转球时,球与球拍接触的一瞬间,手腕抖动的幅度不是很大,并时常与假动作配合;发侧下旋和下旋球时,手腕抖动相对大一点,这样容易"吃"住球,动作也比较固定,击球后常有一个停顿,即使加上假动作,也不会像发侧上旋和不转球那样连贯。

(3)弧线:从来球运行的弧线,判断旋转性能。上旋球和不转球的运行一般较快,常有往前"拱"的感觉,发短球时容易出台,弧线低平;下旋球运行比较平稳,短球不容易出台。

(4)出手:从对方发球出手瞬间速度判断来球旋转强弱。发上旋球和不转球一般出手比较快,并且突然,动作较模糊;下旋球的出手相对要慢一些,触球时有一个加速度,要给球以足够的摩擦时间,才能使球产生强烈的下旋效果。

(二)对速度和落点的判断

1. 对长球的判断

一般情况下,发球者如果想把球发得很长,第一落点多在本方台面的端线附近,如果对方缓慢、放松地将前臂向后拉,然后快速向前摆动,就会发出急球。如果力量差不多,球的运行速度侧上旋和不转球明显要快于侧下旋和下旋球;如果发侧上、下旋斜线长球,要注意球的第二弧线有侧拐的特点。如果是直线长球,要注意平推过来或者是略带外拐的球,因为这种球除了有很快的速度外,容易发出线路比较直的球,客观上增加了球的角度,给接发球者造成较大的难度。

2. 对短球的判断

短球很难发挥速度的优势,考虑较多的是落点和旋转。由于发球者想要把球发短,手上就不能发很大的力,手腕要灵活,触球瞬间有突然制动,所以短球的速度比较慢。在接短球时,要注意手臂不要过于早地伸入台内,以免侧上旋短球的第二弧线往前"拱",顶在拍子上,使手上失去对球的控制,以及来球可能是"小三角"位置,球是从近网的边线出台,造成手来不及收回,回接不当。

3. 对半出台球的判断

对半出台球的判断是接发球的判断中比较难的。因为这种球往往容易造成接发球者的犹豫,使思路混乱,影响整场比赛的发挥。在判断这种球时,一是视其旋转性质而定,侧上旋和不转球比侧下旋和下旋球更容易出台。二是根据发球者的特点而定,要仔细判断发球者在发半出台球时,哪种球容易出台,哪种球不容易出台,这样就会增加接半出台球选择手段的针对性。另外在比赛中,处理短球和半出台球时,在意识上要明确,先是准备按短球接发球处理,再判断球是否出台。如果先准备抢拉半出台球,等判断来球没有出台再去回接,就会措手不及,容易被对方抢攻。

三、接发球的方法

接发球的方法多种多样,它是由点、拨、推、拉、搓、削、摆短、挑、撇侧旋等多种综合技术组成的。随着乒乓球技术的不断发展,除原有的接发球技术手段和质量有所提高外,还出现了很多新的接发球技术,如晃撇、侧拧、台内抢拉等。所以,接发球技术是各项基本技术的综合运用,只有比较全面地掌握各种接发球的方法,并合理、有效、有针对性地运用,才能在比赛中取得主动。

(一)搓接

搓接一般多用于接短球,不建议长球用搓接,这也是中国运动员技术打法风格所追求的。由于搓球的动作小、出手快、隐蔽性强,在长期的运用实践中,运动员根据自身特点,对这一技术进行了很细致的划分,有慢搓、快搓、摆短、搓长、晃撇等。

慢搓和快搓技术详见本章第八节搓球技术。

摆短:摆短是快搓短球的一种方法,它最大的特点是出手快,突然性强,能有效地限制对手的拉、打。在用摆短接发球时,有三点要特别注意:第一要注意接球的时间,在上升期接触球的中下部,以体现速度而不容易吃旋转;第二要身体前迎,手臂离身体要近一些,相对来讲比较容易控制球的旋转,加大回球的准确性和质量;第三手臂不要过早伸入台内,这样不能形成较合理的节奏感,难以体现摆短出手快、突然性强的特点。

搓长:一般运用的搓长技术,是和摆短配合运用的快搓底线长球。它是以速度和突然性来控制和破坏对方进攻的节奏。在搓长时,手法尽可能与摆短相似,以前臂发力为主,手腕的摆动不要过大,以免影响手上对球的感觉。

用搓长回接下旋球时,手腕摆动不要过大。搓长与摆短是接发球时相互配合运用的一种手段,主要利用其速度和突然性。

晃撇:晃撇一般用于全台短球的处理,常用来接短球,与侧身位挑直线和正手位挑斜线配合运用,可使对手不敢提前跑动,进行有威胁的正手抢攻。晃撇接发球时,最好能够在来球的最高点击球,球拍接触球的后中下部,手腕略有外展,向左侧前下方摩擦球,使球带有左侧下旋,落台后向外拐。

(二)挑接

挑接是接短球的一种比较主动的方法,运用得好,可以变被动为主动,转入进攻。挑可分为正手挑和反手挑。从目前优秀运动员的实际运用情况来看,反手挑主要用于横板运动员或直拍横打运动员。挑接的基本动作要领是:当球即将过网时,手伸进台内,同时,视来球的方位不同,脚向前跨步,将腿插入台内。以右手握拍为例,如果是正手位就上右脚;如果是反手位,用反手挑,则可以上左脚,也可以上右脚;如果是侧身位,则上左脚,右脚适当跟上。在来球的高点期,击球的后中部,以前臂发力撞击球为主。在击球的一瞬间,手腕内收(反手)或外展(正手),适当给球一点摩擦,制造一定弧线,以保证准确性。

(三)拉接

拉接一般是用来处理长球的方法。在拉接中,要注意第一时间与第二时间的本质区别。球拍高于球台或基本与球台在一个水平面上接触球时可认为是第一时间,此时拉接容易发力,能够保证一定的准确性,球速较快。球拍低于台面接触球时,一般情况下可认为是第二时间,而在第二时间接触球时,就需要进行适当的调整,力争压低弧线。初学者在开始练习拉球时,要多注意练习在第一时间拉球,以体会发力击球对旋转的感觉,待水平达到一定程度后,再有意识地练习第二时间拉接的感觉。

(四)接半出台球

接半出台球特别强调的是意识和胆量,当判断清楚对方发球第二跳出台时,果断运用拉接技术。在运用拉接技术时,不要引拍过大,手臂向球台靠近、抬高,击球点一般在台面以上,重心前移,以前臂和手腕的突然向前发力为主,整个动作幅度不要过大,有点近似于小提拉或小前冲。在比赛中敢于抢拉、抢冲半出台球是十分重要的,半出台球接的好,不但体现了积极主动、抢先上手的指导思想,还能给对方心理造成很大的压力,从而降低发球的质量。

第八节 搓球技术

搓球是近台还击下旋球的一种基本技术,一般在左半台使用较多。它的技术特点是动作幅度不大,出手较快,过网后球的弧线较低,旋转与落点变化比较丰富。用它来回接下旋球是一种比较稳妥的方法。搓球种类较多,根据击球时间、落点和旋转的不同,分慢搓、快搓、转与不转搓球、侧旋搓球等。

一、慢搓

(一)特点与运用

慢搓具有动作较大、弧线低、旋转强、击球节奏和球速较慢、稳定性高的特点。在比赛中,慢搓多用于牵制对方的攻势,体现转的特点,为进攻创造机会。

(二)动作要领

1. 反手慢搓(见图 3-51)

选位:站位离球台约 40cm,右脚略微向前上步。

引拍:身体重心前移,肘关节弯曲后撤,保持后仰状态,手臂将球拍后引至胸前下方。

击球:当来球跳至下降前期,球拍由左上方向前下方挥动,摩擦球体中下部。直拍触球时手腕稍内旋以增大摩擦力量,横拍以向前下方用力为主。

击球后:前臂随势前送,重心适当前移,随后迅速还原。

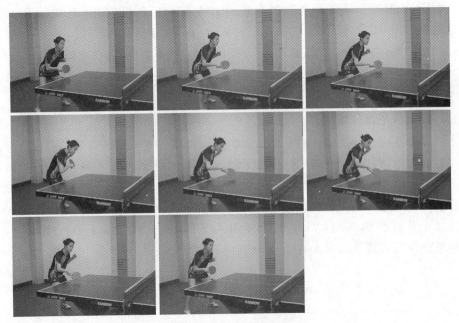

图 3-51 反手慢搓

2. 正手慢搓(见图 3-52)

正手慢搓一般在来球至正手位近台时使用,若来球落台后第一跳出台,则可采用正手拉球回击。

选位:站位近台,右脚向右前方上步。

引拍:手臂自然弯曲,手腕外旋并后仰拍面,将球置于身体右侧前方,向右后上方引拍。上步同时将球拍伸进台内,保持拍面后仰。

击球:当来球跳至下降前期,球拍由右上方向左前下方适当用力摩擦球体的中下部,手腕稍外展并尽量固定,前臂加速向前下方用力。

击球后:球拍随势前挥一段,随后撤步还原成基本姿势。

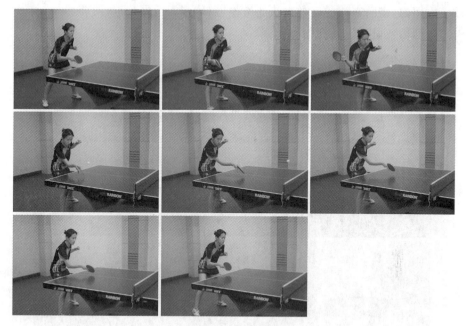

图 3-52 正手慢搓

二、快搓

(一)特点与运用

快搓具有动作小、击球节奏快、回球速度快、弧线低、落点活、节奏较快的特点,多用于对付近网下旋来球。在比赛中,用快搓缩短对方击球的准备时间,可结合其他搓球技术改变击球节奏,为进攻创造机会。

(二)动作要领

1. 反手快搓(见图 3-53)

选位:站位于左半台,离台约 40cm。左脚稍向前,两膝微屈,身体重心前移。

引拍:执拍手伸进台内,保持拍面后仰。

击球:当来球跳至上升期时,球拍稍向后引,前臂和手腕绷住向前下方用力,摩擦球体中下部,借助来球的力量快速摩擦,用力以前臂、手腕和手指为主。

击球后:随势挥拍动作很小,迅速撤步还原。

2. 正手快搓(见图 3-54)

选位:站位偏左台,右脚稍靠前,两膝微屈,身体重心前移。

引拍:肘部自然弯曲,球拍伸进台内,拍面适度后仰,后引动作小。

击球:当来球跳至上升期时摩擦球中下部,前臂和手腕借助来球力量适当向前下方用力,借助来球的反弹力快速摩擦,回球多为近网短球。

击球后:迅速撤步还原。

图 3-53 反手快搓

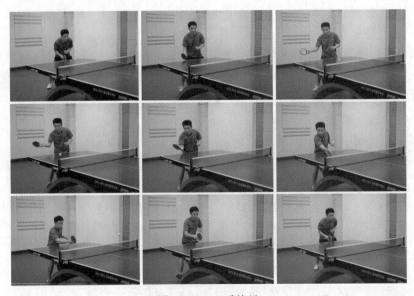

图 3-54 正手快搓

三、搓球摆短

(一)特点与运用

搓球摆短具有动作小、速度快、弧线低、回球短、落点近网,使对方难以进攻的特点,主要用来对付近网下旋球,这也是人们常说的"控制与反控制"。

(二)动作要领(见图 3-55 和图 3-56)

与快搓基本相同,在快搓的基础上加快一点速度。当来球刚从台面弹起时,以前臂和手腕用力,在来球的上升期前段,向前并向一侧轻擦球的中下部,站位略微靠前,轻擦使球落到对方的近网处。在搓球摆短时,单步是非常主要的,单步的质量关系命中率,切忌站立不动进行搓球摆短。

四、搓转与不转

(一)特点与运用

搓转与不转具有迷惑性强、旋转差异大的特点。在比赛中,用尽可能相近的手法搓出加转与不转的球,可使对方判断错误而直接得分。在对付削球时,与其他搓球技术结合使用,可作为争取主动的过渡手段,为进攻创造条件。

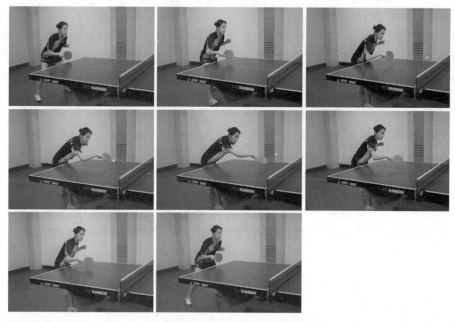

图 3-55　反手摆短

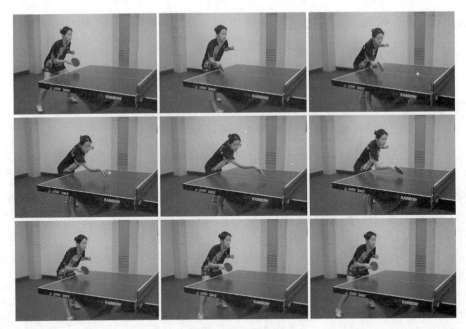

图 3-56　正手摆短

（二）动作要领

根据击球的旋转原理,搓加转球与不转球主要取决于作用力是远离球心还是接近球心。搓加转球时,主要以手腕和手指发力,加大拍面后仰角度,带动前臂加速用力向前下方切球,摩擦球体中下部。搓不转球时,主要以前臂发力,减小拍面后仰角度,手腕和手指保持相对固定,击球体中上部,少摩擦,多撞击。

五、搓侧旋球

（一）特点与运用

搓侧旋球具有球速较慢、弧线略低、带侧旋的特点。在接发球或相持回合中,运用正、反手搓侧旋,使回击过去的球向内侧拐弯,能减弱对方的攻势或使对方回球弧线较高,为进攻创造条件。

（二）动作要领

1. 反手搓右侧下旋球（见图 3-57）

站位稍偏左近台,右脚稍前,两膝微屈。手腕稍内旋,拍面后仰。当来球至高点期或下降前期时,以前臂发力为主,同时手腕稍内旋辅助发力,向右前方摩擦球的右侧中下部。

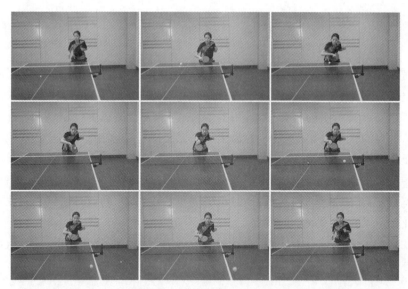

图 3-57　反手搓右侧下旋球

2.正手搓左侧下旋球(见图 3-58)

站位稍偏左台,含胸收腹,肘部保持自然弯曲。手腕稍外旋,拍面后仰。当来球至高点期或下降前期时,以前前臂发力为主,同时手腕稍内旋辅助发力,向左前方摩擦球的左侧中下部。

图 3-58　正手搓左侧下旋球

第九节　弧圈球技术

弧圈球是一种将力量、速度和旋转结合为一体的进攻性技术,具有强烈的上旋,是比赛中常用且重要的得分手段。它攻击性强、威胁大,是现代乒乓球的先进技术之一。其上手的机会多,运用范围大,空中飞行的弧度稳定,易于过网,而落台后的反弹弧线又很低,回击容易出界。弧旋球最初多用于欧洲选手,他们运用正反手两面拉弧圈球力争主动,快冲突破,低拉高打,进一步提高了弧圈球在比赛中的作用。随后,这项技术在各个国家中推广、运用。弧圈球技术的出现和发展不仅提高了选手们的水平,同时也促进了快攻打法、削球打法以及其他打法的变化和乒乓球技术的全面发展。

在目前的乒乓球技术中,弧圈球技术可分为正手弧圈球和反手弧圈球;根据弧圈球技术的旋转特征可分为加转弧圈球、前冲弧圈球和侧旋弧圈球。

一、加转弧圈球

(一)特点与运用

加转弧圈球具有飞行弧线较高,球速较慢,上旋力很强的特点,是一种攻击力强、威力大的进攻型技术,球触台后以较快速度下落,击出球弧线较高,是对付下旋球的有效技术。在相持中,由于球出手弧线的弯曲度较大,落到对方台面后迅速下滑,起到变化击球节奏的作用,得分较多。

(二)动作要领

1. 正手拉加转弧圈球(见图3-59)

选位:判断来球落点,移动脚步,将来球置于身体右侧前方,两腿开立比肩稍宽,身体微向前倾,重心在前脚掌上。

引拍:来球落台后,身体向右转动,在转腰的过程中,用腰控制大臂,右肩沉低,小臂下垂自然引拍,将球拍引至身体右侧下方,保持拍面稍前倾。

击球:当来球跳至下降期时,大臂带动前臂向前上方挥拍,同时配合蹬地转腰,身体重心从右脚向左脚转换,身体前迎,身体前迎的方向要和击球的方向一致。摩擦球体的中上部。触球瞬间快速收缩前臂,手腕适当内旋,使挥拍速度达到最快,将球摩擦击出。

击球后:球拍随势挥至头部上方,重心前移至左脚上,然后迅速还原成基本姿势。

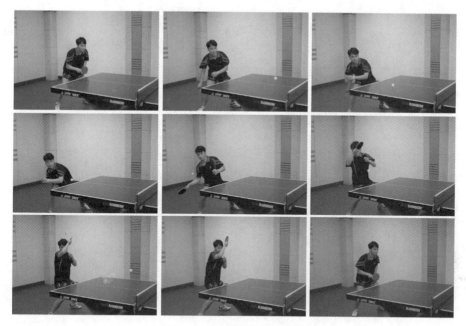

图 3-59 正手拉加转弧圈球

2.反手拉加转弧圈球(见图 3-60)

选位：两脚分开比肩宽，右脚稍前，两膝微屈，重心在两脚间，将来球置于身体左侧前方。

引拍：右肩下沉，球拍引至腹前下方，含胸收腹，肘关节稍向前顶出，手腕内旋，拍面适度前倾，膝关节弯曲，重心放在左脚上。

击球：当来球跳至高点期或下降前期用力摩擦球的中下部，由腰、髋带动大臂、前臂由后向前挥动，击球瞬间迅速向前上方发力，前臂要迅速内旋收缩，协同摩擦，制造弧线，重心由左脚转向右脚。

击球后：球拍随势挥至身体右侧上方，重心移至右脚上，随之迅速还原成基本姿势。

二、前冲弧圈球

(一)特点与运用

前冲弧圈球具有上旋强烈、出手快、球速快、弧线低、落台后前冲力大等特点。它是一种将力量和旋转结合得较好的进攻型技术。在对付削、搓、中等力量攻球、接发球及半高球时运用较多，使用范围较大，对力量的掌控要求较高，在对方弧圈相持时也用以对拉、对冲。

图 3-60 反手拉加转弧圈球

(二)动作要领

1. 正手拉前冲弧圈球(见图 3-61)

选位:基本姿势同拉加转弧圈球,左脚稍前,但身体重心稍提高。准确判断来球落点,迅速移动,将来球置于身体右侧前方。

引拍:右后方引拍时腰向右转动,身体右转,重心移至右脚,使球拍呈前倾状态,手臂几乎伸直,引拍至身体右侧下方,高度比拉加转球要高一些。

击球:当来球跳至上升后期或高点期摩擦球的中上部。迅速蹬地转腰,同时手臂主动前迎,在触球瞬间,快速收缩前臂,同时配合手腕内旋,以增加球拍对球的摩擦力。

击球后:球拍顺势挥至右肩上方,重心移至左脚上,随之迅速还原成基本姿势。

2. 反手拉前冲弧圈球(见图 3-62)

选位:两脚平行或右脚略前,两膝微屈,重心在两脚间,将来球置于身体左侧前方。

引拍:上身略左转,重心置于左脚上,右肩向下沉,球拍引至台面以下,将肘关节稍顶出,前臂打开,手腕内旋,保持拍面前倾。

击球:当来球反弹至上升后期或最高点时,左脚蹬转,腰部向右前上方发力,以肘关节为轴,快速甩小臂,摩擦球的中上部,手腕向外旋,加大摩擦力度。

击球后:重心移至右脚,球拍顺势挥至身体右前方,随之迅速还原成基本姿势。

三、侧弧圈球

(一)特点与运用

侧弧圈球的技术动作与加转弧圈和前冲弧圈球基本相同,不同的是拉正手侧弧圈球的摩擦方向由后较左更多,飞行弧线一般比前冲弧圈球略高,比加转弧圈球低,带有强烈的侧上旋。

(二)动作要领(见图3-63)

击球时摩擦球的右侧中部或中下部,呈现落台后急速向侧下滑落的特点。它可以加大拉球的角度,增加对方的跑动范围和回球难度,多用于处理正手位大角度的来球。而直拍由于手腕灵活性更好,直拍横打运用反手侧弧圈技术时,效果更明显,与反手前冲和加转弧圈技术相似,击球时摩擦球的左侧中部或中下部,其特点是球着台后会侧拐。

图3-61 正手拉前冲弧圈球

图 3-62　反手拉前冲弧圈球

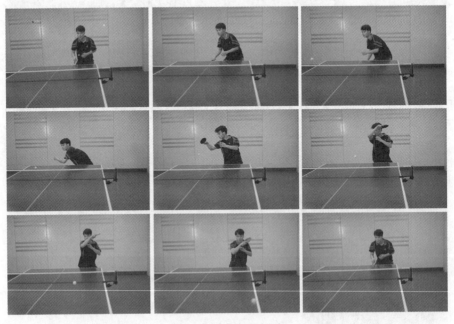

图 3-63　拉侧弧圈球

第十节 台内侧拧技术

乒乓球台内侧拧技术是运动员在比赛中针对对方低、短、转的正手位近网发球或回球而采用的击球方法。

(一)特点与应用

反手拧拉能充分摩擦球,容易克服来球旋转,可使回球稳定且带有强烈旋转,从而在接发球过程中变被动为主动。

(二)动作要领(见图3-64)

步法:根据来球调整步法,右脚上步并将重心调整至右脚,同时左脚稍向后撤步,在击球前身体大致与球台端线平行。

引拍:腰略向左转,同时上臂带动前臂向右前方引拍,引拍时,拍面与台面约成90°,上臂与前臂夹角约90°,上半身收腹前倾、降低重心,使手臂在击球时保持一定的稳定性,肘关节在肩关节右前方并向前顶,球拍在肘关节左前下方,手腕内扣,此时球拍头部应指向己方腹部位置。

图3-64 台内侧拧

击球:反手台内侧拧技术动作过程中重心左右转换量不大,重心相对稳定;

击球瞬间球拍的用力方向为右前上方,击球的最高点,球拍从右侧中上(下)部摩擦至球顶,在击球时要选择好击球位置,这里的位置是指左右方向的位置,击球点一般位于胸部正前方,通过身体的扭转和上肢的运动带动球拍主动向前迎球。侧拧球时,位置偏左或偏右都会借不上力而造成回球下网。

台内侧拧分为两种情况:当来球不是很转时应选择击球的侧中上部,回击球瞬间是从下到上用力摩擦后再向左前上方拧出,回球为侧上旋;当来球为下旋时应多摩擦球的侧中下部,拍型更趋水平,回击球瞬间是摩擦后再向左前方拧出,动作向上方拉起很少,则回球为侧下旋。因此可以看出,台内侧拧击球时,球拍击球瞬间不仅有一个向右侧的用力,同时还有一个向前的发力,其形成的合力就偏离的球的质心,根据向前发力的方向不同,就造成了球向侧上或侧下的旋转。

第十一节 削球技术

削球技术是一种积极性的防御技术,他以旋转、落点变化为主。站位离台比较远,击球时间晚,对球的稳定性控制相对比较好。削球技术正在向转、稳、低、攻方向发展。其主要包括正手削球技术和反手削球技术。

一、正手削球技术

(一)特点与运用

正手削球具有球速慢、弧线长、旋转强,控制范围比较大等特点,是一种防守技术,以其旋转和落点变化威胁对方。

(二)动作要领(见图3-65)

选位:站位中台,两脚开立,右脚稍后,双膝微曲,持拍手臂自然弯曲于腹前,重心稍提高。

引拍:手臂向右后上方移动,前臂提起,球拍上举,引拍位置在右肩上,身体向右后转动。当来球跳至下降后期,随着身体向左转,上臂带动前臂同时向左前下方用力。拍面后仰,触球中下部,手腕加速发力摩擦球。

击球:击球时,球拍后仰,由体侧上方向前下方挥拍,在身体腰侧方击球的下降前期,摩擦球的中下部,手腕动作控制击球的弧线,触球时用腰带手臂一同发力,身体重心同时向前下移动。

击球后:球拍随势向前下方送出,重心移至左脚上,随之迅速还原成基本姿势。

二、反手削球技术

(一)特点与运用

反手削球可以充分运用腰部的力量,以及协调用力,对球控制更稳定。在横拍削球使用不同胶皮的情况下,反手削球技术是进行旋转变化的主要手段。

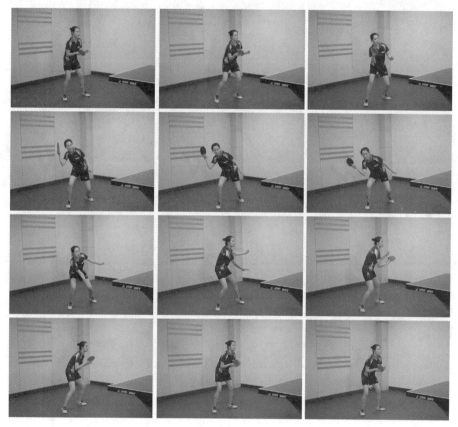

图 3-65　正手削球

(二)动作要领(见图 3-66)

选位:站位中台,两脚开立,左脚稍后,双膝微曲,持拍手臂自然弯曲于腹前,重心稍提高。

引拍:球拍随腰转动向左后上方引拍,球拍上举,引至肩上方,球拍稍后仰,身体重心移至左脚。

击球:持拍手上臂带动前臂向前下方挥,同时转腰,在身体侧前方击球的中下部,球拍向前外侧挥,触球时发力要集中。

击球后:球拍随势向前下方送出,重心移至两脚间,随之迅速还原成基本姿势。

图3-66 反手削球

第十二节 结合技术

乒乓球结合技术是两个或两个以上单一技术的组合运用。两个单一技术的结合,涉及不同手法技术的结合,不同步伐技术的衔接,以及不同手法技术与不同步伐技术的配合。结合技术练习是进行教学活动和专项训练必不可少的内容,其教学方法很多,可以根据不同对象、不同的任务进行选择和编排。这里介绍几种常用方法:左推(拨)右攻技术、推(拨)侧身攻技术、推(拨)侧身攻扑正手技术、发球与抢攻结合技术、搓接与抢攻结合技术。

一、左推(拨)右攻技术

(一)特点与运用

该结合技术具有一定的相持性特点,两个技术的衔接是对同一种旋转球的结合,是相持过程中转为主动的关键技术。

(二)动作要领(见图3-67、图3-68)

反手推(拨)球时身体重心放在两脚之间,降低重心,身体稍前倾。根据来球的速度和角度,决定推(拨)球的性质,以制造进攻机会。

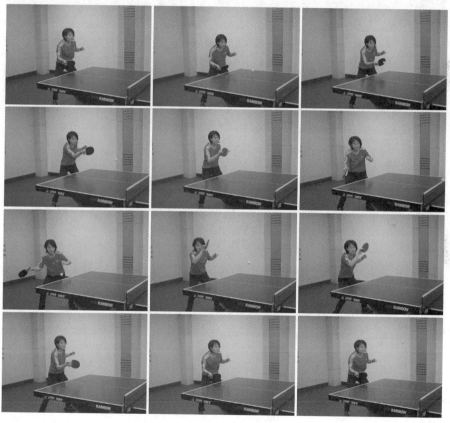

图3-67 左推右攻

步法移动:反手推(拨)球后,要判断对方回球的方向。当对方回球变线到正手位时,移动方向的异侧腿蹬地,随着移动身体重心,运用跨步或滑步,快速抢到最佳击球位置。

引拍：根据对方回球的旋转和力量调整引拍的距离，当对方回球是下旋球时，需要加大击球的力量，引拍距离也加大，反之亦然。

击球：触球的最高点或高点后期，挥拍击球的中上部，用腿和腰的蹬转力量带动手臂和手腕发力。

击球后：迅速还原，保持身体重心稳定。

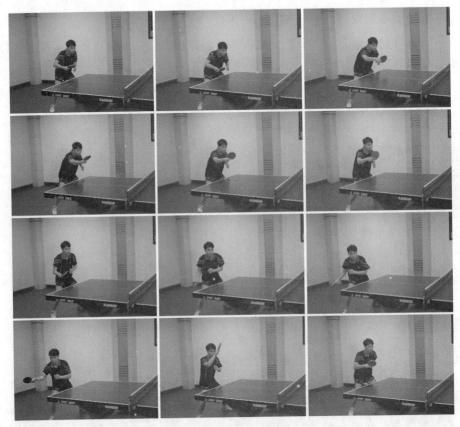

图 3-68　左拨右攻

二、推(拨)侧身攻技术

推(拨)侧身攻是用推挡(拨球)压住对方反手或中路，在反手位运用正手攻球的一种训练方法。它可以利用正手攻球和反手推(拨)的速度、力量，并结合落点、节奏变化来压制对方，以争取主动或得分。推(拨)侧身攻既是一种训练方法，也可以作为一种战术运用。

(一)特点与运用

推(拨)侧身攻练习是由推挡(拨球)、步法移动、正手攻球3部分构成。其主要作用是加强反手位的攻势。

(二)动作要领(见图3-69和图3-70)

(1)在准确判断来球的基础上,先用推挡(拨球)压制对方的反手位,待对方回球到本方反手位时,迅速以跨步或跳步移动,使身体半侧对球台,重心置于右脚上。

(2)当来球落台反弹至高点期时,果断进行正手攻。

(3)正手攻时,应控制好拍形,以转腰与挥臂用力为主,手腕适当配合,击球后重心移至左脚,随即迅速还原,准备再次推挡(拨球)。

图3-69 推侧身攻

图 3-70 拨侧身攻

三、推(拨)侧身攻扑正手技术

(一)特点与运用

该结合技术速度快、进攻性强、击球力量重、跑动范围大,能从被动转为主动。这是一种反手推(拨)、正手侧身攻后从左到右跑动中扑救正手空当的结合技术,特别是直拍进攻型打法使用比较多。

(二)动作要领(见图 3-71、图 3-72)

(1)"推(拨)、侧、扑"时脚步的迅速移动是非常重要的环节,推(拨)后侧身一般用跳滑步,击球前身体重心支撑点应在左脚上,击球后转到右脚上。

(2)当从侧身位向右跑动时,右脚应向左转动,重心支撑点立即转至右脚,然后左脚迅速向右做交叉步移动,在左脚落地的同时腰部左转并带动手臂向前挥击,在来球高点期击球的中上部。

(3)击球后及时调整重心,以跳步或换步移动到反手位,准备再次推(拨)。

图 3-71 推侧身攻扑正手

图 3-72 拨侧身攻扑正手

四、发球与抢攻结合技术

(一)特点与运用

发球与抢攻结合技术是前三板技术中,最具主动性和杀伤力的技术。在发球不受对方影响的情况下,根据下一板击球的设计可以在发球的旋转、落点上进行合理的变化,为自己下一板能直接得分或者进攻创造机会。因此,发球与抢攻技术,在乒乓球技术中起着很重要的作用。

(二)动作要领

1. 发球后正手抢拉技术(见图3-73)

发球:根据对方的站位,决定发何种球,同时需要预估对方回球落点和旋转程度。

图3-73 发球后正手抢拉

步法移动：发球后判断来球的方向。当对方回接到正手位时，运用交叉步扑正手，移动方向的异侧腿蹬地，同时移动重心。

引拍：在步法移动的同时，进行引拍。根据来球的旋转和对方回击球的力量大小调整引拍的距离，旋转越强，需要击球的力量越大，引拍距离也越大，反之亦然。

击球：在交叉步的前交叉脚将落地时，挥拍拉球的中上部，身体带动腰腿发力。

击球后：前交叉脚落地后，另一只脚迅速向外侧用力做支撑，保持身体的重心稳定，迅速还原。

2.发球后反手抢拉技术（见图 3-74）

发球：根据对方的站位，决定发何种球，同时需要预估对方回球落点和旋转程度。

步法移动：发完球后身体还原至球台一侧，先判断来球的方向，当对方回球到反手位时，含胸收腹降低身体重心，以便快速找好击球位置。

引拍：根据来球的旋转和对方回击球的力量调整引拍的距离，旋转越强，需要击球的力量越大，引拍距离也越大，反之亦然。

图 3-74　发球后反手抢拉

击球:击球的最高点,挥拍摩擦球的中上部,用腰腿蹬转的力量带动手臂和手腕发力。

击球后:迅速还原,保持身体重心稳定。

五、搓接与抢攻结合技术

(一)特点与运用

搓接与抢攻结合技术,是在对方接发球进行严密控制的情况下实施抢攻的结合性技术。它可以是在接发球后进行的抢攻,也可以是在相持中进行的抢攻。

(二)动作要领

1.反手搓接后正手位抢拉技术(见图3-75)

搓球:根据来球的质量,决定搓球的性质,以制造进攻机会。

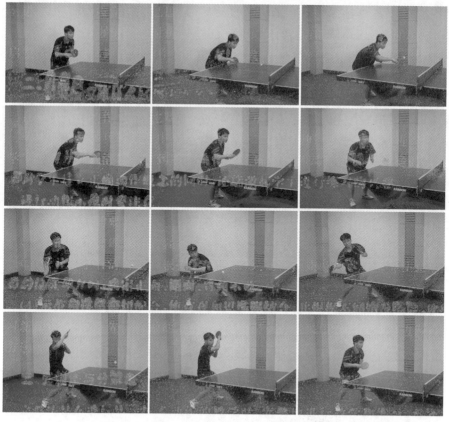

图3-75 反手搓接后正手位抢拉

步法移动:搓球后先判断来球的方向。当对方回球到正手位时,移动方向的异侧腿蹬地,移动身体重心,根据回球落点运用跨步或者滑步选好击球位置。

引拍:在步法移动的同时,进行引拍。根据来球的旋转和对方回击球的力量调整引拍的距离,旋转越强,需要击球的力量越大,引拍距离也越大,反之亦然。

击球:挥拍摩擦球的中上部,用腰腿蹬转的力量带动手臂发力。

击球后:迅速还原,保持身体重心稳定。

2. 正手搓接后反手位抢拉技术(见图 3-76)

搓球:根据来球的质量,决定搓球的性质,以制造进攻机会。

步法移动:正手搓球后身体还原到球台左侧,先判断来球的方向。当对方回球到反手位时,含胸收腹降低身体重心,快速找好击球位置。

引拍:根据来球的旋转和对方回击球的力量大小调整引拍的距离,旋转越强,需要击球的力量越大,引拍距离也越大,反之亦然。

击球:挥拍摩擦球的中上部,用腰腿蹬转的力量带动手臂发力。

击球后:迅速还原,保持身体重心稳定。

图 3-76　正手搓接后反手位抢拉

3. 反手搓接后反手位抢拉技术(见图 3-77)

搓球:根据来球的质量,决定搓球的性质,以制造进攻机会。

步法移动:反手搓球后身体还原到球台左侧,先判断来球的方向。当对方回球到反手位时,含胸收腹降低身体重心,快速找好击球位置。

引拍:根据来球的旋转和对方回击球的力量调整引拍的距离,旋转越强,需要击球的力量越大,引拍距离也越大,反之亦然。

击球:挥拍摩擦球的中上部,用腰腿蹬转的力量带动手臂发力。

击球后:迅速还原,保持身体重心稳定。

图 3-77 反手搓接后反手位抢拉

4.正手搓接后正手位抢拉技术(3-78)

搓球:根据来球的质量,决定搓球的性质,以制造进攻机会。

步法移动:正手搓球后身体还原到球台左侧,判断来球的方向。当对方回球到正手位时,移动方向的异侧腿蹬地,移动身体重心,根据回球落点运用跨步或者滑步选好击球位置。

引拍:在步法移动的同时,进行引拍。根据来球的旋转和对方回击球的力量调整引拍的距离,旋转越强,需要击球的力量越大,引拍距离也越大,反之亦然。

击球:挥拍摩擦球的中上部,用腰腿蹬转的力量带动手臂发力。

击球后:迅速还原,保持身体重心稳定。

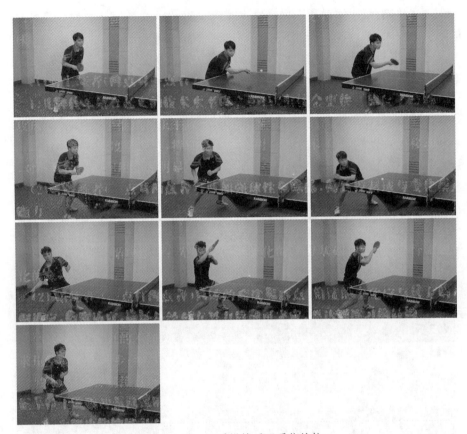

图 3-78 正手搓接后正手位抢拉

第四章　乒乓球的基本步法

第一节　步法的作用及发展趋势

一、乒乓球步法的基本作用

乒乓球的步法是击球环节中的一个重要组成部分,乒乓球基本技术包含步法和手法,两者都很重要。步法衔接了各项技术动作,进而使各项战术得到有效的实施。步法是为回击不同来球而变换位置时所采用的合理移动方法。根据球的落点变化组织步法移动,是打好乒乓球的技术要点。科学的步法运用是乒乓球技术水平发挥的重要因素。因此,步法训练自然成为乒乓球技术训练的重要内容。

二、乒乓球步法的现状及发展趋势

2000年10月起乒乓球运动从小球时代进入了大球时代,而到2016年,乒乓球运动又进行了一次重大改革,正式进入了"40+"时代。球的大小及其邵氏硬度有了改变,使得乒乓球的各项技术的动作结构也发生了一定的变化。例如,在比赛中相持回合球更多了,旋转整体都变弱了,击球动作的幅度变大了,等等。步法的发展随着这些变化而受到影响。"40+"时代的乒乓球步法不仅需要步法移动的快速,更需要加强步法的耐力性与持久性。这就对运动员的体能提出了更高的要求。

乒乓球运动在经历了数次器材和规则的改变之后步法的发展也必然做出相应的变化。在"40+"时代,由于新材质的球增加了直径,运行速度变缓,前冲力与旋转出现一定程度的下降,对击球的力量提出了更高的要求。"40+"球的使用使乒乓球比赛实战中对步法的要求越来越高,要适应现代乒乓球发展的趋势必须使步法的移动在速度和耐力两方面同时得到兼顾。今后乒乓球的步法训练将朝着速度和耐力紧密结合的趋势发展下去。

第二节 步法的基本划分与技术分析

乒乓球运动的技术问题,一是手法,二是步法。比赛中,运动员想在最佳的击球时间和最适宜的位置击球,则必须做到每个球击球之前都要随时调整步法。随着乒乓球运动的发展与技术水平的不断提高,步法的重要性日益突出,它既是及时准确地使用与衔接各项技术动作的枢纽,又是执行各种战术的有力保证。即使作为初学者,也需强化步法的练习,而不能重手法、轻步法。

一、基本步法介绍

(一)单步移动步法

1.特点与运用

单步一般是在来球离身体不远的小范围内运用。它具有移步简单实用、灵活、重心平稳等特点,在还击近网球或追身球时常采用此步法。

2.动作要领

移动时以一只脚的前脚掌为轴,另一只脚视需要向前、后、左、右的不同方向移动,当移动完成时身体重心也随之落到移动脚上,之后再进行挥拍击球。脚落地、转腰、引拍与挥拍和击球同步进行。

(二)碎步移动步法

1.特点与运用

在乒乓球比赛中,任何高水平的运动员都不可能完全正确判断对方击球的落点及旋转性质和旋转强度,为了更合理、更有效地调整移动步法,"碎步"步法应运而生,其起到了衔接、调整步法的作用。

碎步的特征是步伐小,用碎、小的步伐来调整节奏、位置,起着调节身体重心、接球位置和时间的作用。

2.动作要领

在小范围内根据来球做前、后、左、右不停的快速移动,预判寻找击球的最佳位置。在准备的同时保证身体处于动态的起动状态。在进行碎步调整时,要不停地进行两脚的重心交换、两脚的位置移动和两脚的蹬地与内外旋动作,同时注意不同部位的发力协调与配合。腰、髋先发力,大腿、小腿和足后发力。

进行碎步移动时,要明确碎步移动不是最终目的而是过渡步法,所以,要注意依据来球情况,由碎步过渡到其他移动步法上去。

(三)垫步移动步法

1. 特点与运用

垫步动作简捷、实用,其起动与制动速度均较快,能起到调整重心及衔接其他步法的作用。用一步步法移动时,范围不够,移动不到位。用两步步法移动时,范围又有余。垫步相当于一步半,节省了步数,提高了移动速度,削球选手使用这种步法的频率较高。

2. 动作要领

两脚的前脚掌几乎同时上下轻轻跳一下或踮一下,有时两脚是不离开地面的。垫步可以向前、后、左、右移动,其要点体现在"垫"上,垫的动作幅度只相当于正常步法的半步。

(1)向左移动。移动方向的异侧腿向同侧腿"垫"半步,然后落地,变该腿为支撑腿、蹬地腿。而移动方向的同侧腿则顺势向移动方向迈出一大步,然后落地并制动,身体重心也随之移到两腿中间。转腰、挥拍与脚落地同步进行。

(2)向右移动。其移动方法、要领同向左移动,只是方向相反。

(3)向前移动。移动方向的异侧腿向同侧腿方向"垫"半步后落地,并且使该腿由摆动腿变为支撑蹬地腿,而移动方向的同侧腿则顺势向移动方向(向前)迈出一大步,然后落地并制动,身体重心也随之落在两腿之间。注意最后一步脚落地与转腰、挥拍击球动作同步进行。

(4)向后移动。其移动方法、要领同向前移动,只是方向相反。

(四)跳步移动步法

1. 特点与运用

跳步移动时常会有短暂的腾空时间,这会使重心起伏较大,因此通常是依靠膝关节的缓冲来减少重心的上下起伏。但又因它是双脚几乎同时离地与落地,故从另一个角度来说,又有利于身体的稳定,不易失位。相持中突然起动时、还原时经常使用此步法。此步法也常用于还击球速较快、角度较大的来球,是移动范围较大的衔接步法或中介步法。

2. 动作要领

在移动前,首先身体重心向需要移动的方向倾斜,两脚几乎同时蹬地,移动方向的异侧脚蹬地用力较大。两脚几乎同时离地向移动方向跳动,双脚可以同时落地,也可用移动方向的异侧腿先落地。两脚落地站稳后,转腰、挥拍、击球同步进行。

(五)滑步移动步法

1. 特点与运用

滑步是大范围移动步法中重心最稳的一种,不易失位,攻守平衡。它具有移动范围较大,重心较平稳,重心转换速度快的特点。当与对方形成相持且来球离身体较远时,采用滑步移动,移动后两脚距离基本不变,有利于快速回击来球。

2. 动作要领

移动方向的异侧腿、脚先蹬地发力,脚外侧离开地面。异侧脚蹬地发力后快速靠拢支撑脚,然后落地站稳,与此同时,移动方向同侧腿(原支撑腿)的脚外侧用力蹬地,并向移动方向滑出一步。

移动过程中,移动方向的异侧腿,先为摆动腿,后为支撑腿;移动方向的同侧腿,先为支撑腿,后为摆动腿,最后重心移至两脚中间。移动中重心虽有短暂的在两腿间交换的过程,但基本上是一直保持在两脚之间的位置上。

移动方向同侧腿落地与转腰、挥拍动作同步进行。整个移动过程中两脚均贴着地面滑动,身体保持稳定不要前、后、左、右晃动,膝关节始终微屈。

(六)跨步移动步法

1. 特点与运用

跨步动作简单,实用性较强,移动幅度中等,击球时会降低身体重心的高度。该步法适用于应急、借力击球,不宜主动发力,多在来球离身体较远,用其他步法来不及,且来球速度较快、角度较大的应急、相持时使用,以便及时跟上来球节奏,借力"打"力,快速还击,扭转劣势。

2. 动作要领

在移动身体重心时身体首先向要移动的方向倾斜,倾斜角度因移动范围的大小而定。之后,移动方向的异侧脚用力蹬地,用力的大小因移动范围的大小而定。移动方向的同侧脚向移动方向侧跨一大步,这一步距离的远近同样是根据来球的角度而定。而蹬地脚也迅速跟着移动,球一离拍后应立即还原,保持准备姿势。转腰、挥拍、击球要与跨出脚的落地同步进行,这是手、腰、脚在击球瞬间协调配合的最关键的一个环节。

(七)并步移动步法

1. 特点与运用

并步就是一脚先并,另一脚再跨。并步移动幅度比单步要大,它在移动时没有腾空动作,重心起伏小,能保持身体的平衡和稳定。进攻型选手或削球型选手在左右移动时常采用此步法。

2.动作要领

用来球方向的异侧脚前脚掌内侧蹬地,在发力脚向另一侧脚并拢的同时,另一脚向来球的方向跨出一步。在持拍手的同侧脚落地时,挥拍击球。运用完该步法后即可制动,击球后快速还原。

(八)交叉步移动步法

1.特点与运用

交叉步是在许多步法中动作最复杂、移动幅度最大的步法,主要是用来对付离身体较远的来球。在移动中能充分用上腰、髋的转动以及腿、脚蹬转的力量。在侧身进攻后扑正手位大角度来球时,或在扑正手位进攻后回反手进攻时常用这种步法。当来球的位置在正手位大角度或者反手位大角度或是离自身位置过远时,使用该步法。

2.动作要领

以来球方向的异侧脚前脚掌内侧蹬地,身体向来球方向转动,使身体重心向来球方向移动,远离来球的脚越过靠近来球方向的脚跨一大步,两脚在身前形成交叉,而原支撑脚跟着前脚的移动方向再迈一步。在移动时膝关节始终保持较大弯曲角度,随着移动,腰、髋迅速转向来球方向,异侧脚交叉落地后另一脚快速移动到外侧支撑进行制动,击球后快速还原。

(九)侧身步移动步法

1.特点与运用

侧身步移动速度快,步伐小,但移动范围也小,它是根据乒乓球实战的具体情况在侧身位的应用。当来球逼近击球员身体或来球至击球员反手位,击球员采用侧身进攻时常使用该步法。常用的侧身步有单步侧身、跨步侧身、跳步侧身、滑步侧身等。

2.动作要领

(1)单步侧身(以右手执拍为例):右脚向左脚后方跨一步后侧身击球。这种侧身移动速度较快,移动步伐很小,通常在来球处于身体中间附近的位置或与对方相持的情况下使用。

(2)跨步侧身(以右手执拍为例):左脚向左侧跨一步,右脚向左侧后方移动,同时上体收腹侧转腰,重心落在右脚上。它具有移动较快、范围较小、侧身较充分、利于发力等特点,故快攻打法较多采用此步法。

(3)跳步侧身:基本上同正常的跳步动作要领,跳动中腰、髋向来球同侧腿方向转动。它的移动速度比单步和跨步侧身要慢一些。但移动的范围较大,让位较充分,有利于正手发力攻球或发力拉、冲弧圈球。

(4)滑步侧身:移动距离较大,重心较平稳,突然性、隐蔽性比单步侧身差。移动时双脚同时向左后侧移动,但因其两脚都是贴着地面"滑"动,所以即使对手偷袭正手时,二次起动速度也极快。在滑动侧身时,腰、髋引拍转动幅度较大,与来球同侧脚蹬转时有外旋动作,与来球异侧脚蹬转时有内旋动作。与来球异侧脚第二步进行滑步移动时跨度要大,落地时脚掌内侧着地,制动身体的惯性,使重心稳定。

根据每个人的自身打法等特点,寻找能充分发挥自身特长的技术,必须考虑什么样的步法才是最适合自己的。练习的时候应以步法的移动去找固定的击球时间,灵活掌握。

二、双打移动步法

双打的步法移动是以单打的步法移动技术为基础的,故凡与单打步法移动方式相似或一致的动作要领、作用、运用时机等,在此均不再重复阐述。双打移动步法含有双方配合的要求,所以双打移动步法具有特殊性,这里只将双打有别于单打移动步法的本身规律和特点加以详述。

(一)"八"字步法

该步法多为左、右手握拍的攻球手配对时采用。其基本站位以球台中线为轴,分别保持在球台两侧,左手选手站于靠右侧准备,右手选手站于靠左侧准备,不管对方来球在什么位置,他们的基本移动方式都是在"八"字的属于自己的那一"丿"和"\"上移动。两人的位置起到左右互补的作用。

(二)"T"字步法

该步法在左右移动或是前后移动跑位中使用,按照"T"字形进行移动。击球前与击球后,两名选手基本上都是"T"字运行轨迹。左右移动的选手在"—"上来回运行,前后移动的选手在"|"上来回运行,左右移动的选手多采用的是横向移动的单打相关步法,前后移动的选手多采用的是纵向移动的单打相关步法。

左右移动中可侧重于靠前台的跑位,前后移动中可侧重靠中台的跑位,双方配合起到前后互补的作用。靠近台左右移动的选手能够抢占制高点,利用力量的轻重、落点的变化控制对手,给同伴创造进攻机会;而靠中远台移动的选手则充分发挥其两面能进攻、有充足时间判断的优势。该步法多适用于一攻一防搭配组合或带削球手组合。

(三)环形步法

该步伐多为近台快攻选手和中远台弧圈型选手配对时使用。一攻、一弧两名选手的进攻移动可控制击球时的力量、速度、落点以及改变节奏等产生变化,给对方造成接球困难。有时两人远近的移动方法也可调换,进一步破坏对方的适应节奏。配对双方均采用与之相关的单打步法移动,击球前与击球后,两名选手基本上都是"▽"形跑位轨迹。

(四)横"8"字步法

该步法的作用是让选手在比赛中能够让位充分,移动到位。对方根据我方的情况有意识地针对某一名选手交叉攻击他的两边大角度,本方选手在击球前与击球后基本上都是采用横"8"字形的跑动轨迹进行让位及移动还击。无论是哪种类型打法的选手,采用此步法移动时,其动作要点都是与同类的单打步法移动相同或相关联。

(五)"O"字步法

该步法常适用于同侧手执拍选手搭配,按照"O"字形进行跑位,有利于双方充分让位和补位,发挥各自的优势。无论是快攻选手,还是弧圈、削球选手,采用的都是与单打相同或相关联的步法移动,击球前与击球后,两名选手基本上都是采用"O"字跑位轨迹。

(六)倒"V"字步法

该步法多为两名两面攻或两面拉选手配对时使用,两名选手正、反手都可以抢攻、抢冲,对任何位置的球都可以互补。站位时要有偏前与偏后、偏右与偏左、侧重正手与侧重反手之分,偏前的选手侧重反手位,偏后的选手侧重正手位,故两名选手分别在倒"V"字上运动。其步法照顾范围大,全台可进攻。

第三节 步法的训练方法

步法是乒乓球击球技术环节中的重要组成部分,步法的好坏是制约乒乓球技战术达到最高水平的重要因素之一。如果运动员具有良好的步伐,能够保持合适的击球位置,就能使击球的速度、力量、旋转得到充分的发挥,从而有利于提高击球的质量。在训练过程中,运动员必须养成"以脚带手"的良好习惯,如要抢到最佳击球位置就要脚快手慢,击球不到位,势必影响击球的质量。

乒乓球的速度快、落点变化多,在实践过程中,要求运动员既要掌握各种步伐,又能在复杂的环境中灵活的运用,要做到"勤动脑"与"勤动腿",为达到此目的,必须进行长期系统的练习。要掌握良好的步法,必须要将手法和步伐紧密得结合在一起,同时注意以下几点:

(1)对方在击球过程中,要学会用眼睛盯住对方球拍触球瞬间的动作。当球还未跳至本方球台时,已经能较清楚地判断来球的方向和落点,这样才有较多的时间移动脚步并从容地进行回击。

(2)起动时速度要快,准备姿势必须正确。含胸收腹,上身略前倾,保持两膝自然弯曲,使腿部有弹性,在击球时重心稳定。

(3)挥拍击完球后,注意身体重心的交换,不论采取何种击球动作,脚步移动时,身体重心也必须到位。发力击球时,身体重心要由一只脚转换到另一只脚。发力结束时,两脚的重心再次转换,使身体重心迅速还原到两脚之间,这样才能保证下一次击球前的步法移动。

(4)每次击球间隙中要小碎步调整,在移动前要先用小垫步起动,训练有素的专业运动员,打球时膝关节、小腿和踝关节总是富有弹性,起动前或还原中不时地轻跳一下、跺一下,这样的动作能有效地完成重心的调整、两脚间距的调节、小范围的取位移动和不同步法的衔接。

(5)移动中上身不可晃动太大,不能松散,要保持身体的紧凑性,使身体重心保持在两脚蹬地可以控制的范围内,不然身体会失去平衡,难以连续击球。

(6)发力击球时,应该避免双膝同时蹬地和同时弯曲,否则会使身体重心向上蹿,影响向前的协调用力。身体重心必须由一脚转换到另一脚。发力结束时,重心的支撑脚应及时向发力的相反方向蹬地,以便身体重心迅速还原到两脚之间。

步法训练方法如下:

(1)徒手练习基本步法,并要熟练掌握。

(2)徒手根据口令做相应的步法移动,以提高反应和判断能力。

(3)先练习单一步法,后练习结合步法。

(4)多球训练法,根据自己的技术打法和特点,有针对性地制定步法练习内容。以练习结合技术为主,注意身体重心的移动到位。

(5)在练习某一种步法时,规定次数和组数,达到熟练掌握后缩短时间完成规定的数量。

(6)步法和手法结合练习时,注意身体重心的移动到位。

第五章 乒乓球教学与练习方法

第一节 乒乓球教学原则

乒乓球教学原则是教学过程客观规律的反映。这里我们结合实际中乒乓球的教学，选择主要的原则进行阐述。

一、自觉性、积极性原则

在教学过程中，要让学生明确学习目的，增强学习兴趣，主动思考研究。在学习训练过程中，教师应起主导作用，加强学生在学习中的主观能动性，使其更好地掌握乒乓球运动的知识、技术和技能，并在训练和比赛中熟练运用。

二、直观性原则

直观性原则是根据人对事物的认识规律提出来的。它指在乒乓球教学中，通过学生的各种感观，丰富学生的感性认识，使学生获得生动的表象，从而掌握乒乓球的知识、技术和技能。

在教学中常用的直观方法有：教师或优秀学生的动作示范，教具模型演示，技术动作图片或视频，专业运动员比赛录像、徒手挥拍动作以及富有生动形象的口诀和要领等。通过这些直观教学手段，让学生能清楚地了解各个基本技术的特点、动作方法和要领、运用范围、动作结构以及每个动作之间的相互联系，建立正确的技术动作概念，从而达到尽快掌握技术动作的目的。

运用直观性原则应注意：

（1）在运用各种直观方法进行教学时，应让学生明确需要注意的重点内容和方法。

（2）正确的示范动作，生动具体的讲解，适当的时机，都对提高学生运动能力有重要作用。

（3）及时看出学生练习中存在的普遍性问题，进行正误对比，这有助于学生主动思考，提高他们分析技术动作的能力。

三、系统性原则

贯彻系统性原则，要求教学计划、教学内容、教学方法和步骤都要根据乒乓球运动的规律和学生认识事物的特点做出科学的安排，由易到难，由简到繁，循序渐进，逐步深化。

四、巩固提高原则

巩固提高原则是指在乒乓球教学中，让学生将所学的基本理论、技术、技能在训练比赛中熟练地运用，并且不断地巩固和提高。

进行课堂提问、布置课外作业让学生进行练习、课堂纠错辅导、比赛以及考试等都是巩固和提高学生技术水平的有效方法。此外，另一些教学原则，如：合理安排运动负荷原则，循序渐进与突出重点相结合原则，统一安排与区别对待相结合原则，练习与比赛相结合原则等在教学中也可以使用。

各个教学原则是相互联系、相互促进的，在乒乓球每个教学环节中都要全面执行运用，才能获得良好的教学效果。

第二节 乒乓球动作技能形成规律

乒乓球技术的教学活动，是一个遵循运动所形成的基本规律，并且考虑到个体差异的双边活动。乒乓球教师充分认识到这一点，有助于在教学活动过程中，有针对性地设计教学目标、内容，选择教学方法，进而提高教学质量；同时，学生了解这一点，可以对不同教学阶段中技术动作掌握程度进行理论分析，提高自主学习的能力。

一、乒乓球动作技能形成的阶段

乒乓球教学的核心任务，就是建立一种既熟练又实用的技术动作系统，这个系统应符合以下几个要求：

(1)结构合理。在初学阶段，要形成一个结构合理的击球动作，这将为技术不断发展与变化应用打下良好基础。

(2)完整性。每一个击球动作，都能完整做出在步法移动的同时进行引拍→挥拍击球→顺势挥拍并进行重心转移→动作还原这几个环节。

(3)自动化。当对方击球后，根据来球的位置、旋转可以下意识地做出相适应的击球动作。

(4)变化性。同一种击球动作，可以在出手瞬间决定变化击球的方向、旋转的强弱、力量的大小。

乒乓球动作技能的形成一般可分为3个阶段,即泛化阶段、分化阶段、自动化阶段。

二、乒乓球技能学习不同阶段的教学重点

在乒乓球的技术技能学习过程中存在着不同的学习阶段,所以我们在技术动作教学上要有不同的侧重点。

1. 泛化阶段

泛化阶段,是指在练习时,击球所用力的肌肉收缩和放松不协调,同时参与击球的还有不该发力的肌肉,大脑皮层运动时中枢部位兴奋点广泛扩散。在练习的最初阶段,正确的肌肉感觉很不清晰,动作与来球不相适应,找不到节奏,不能舒展地将球击出,击球时感到很别扭。特别是没经过正规训练已经形成了不正确动力定型的练习者,要克服掉他们不正确的动作更加困难。而从来没接触过乒乓球的练习者,其动作的可塑性就会比较好一些,所以纠正一个错误动作要比学习一个新动作更难。在泛化阶段,击球的命中率不高,并且失误时出界和下网没有规律可循。这是因为正确动作的概念还没有建立,没有从错误动作中分化出来的缘故。

学生处在泛化阶段时,教师在教学上的重点可以从降低练习的难度入手,也就是放慢技术动作的速度,减慢球速,让学生可以更好地掌握技术动作,缩短泛化阶段的时间。

(1)徒手练习,即在上台进行击球练习之前,先做击球动作的练习,初步获得击球过程中肌肉的感觉,在上台进行击球练习时,击球动作基本上就可以凭这种肌肉感觉做出来,这是学习新动作技术时的一种过渡性练习。同时在刚开始教学的阶段,可以安排一些熟悉球性的练习,例如托球、颠球、对墙击球等,使初学者在反复练习的过程中,逐步熟悉球拍弹性和球性,增强手上击球时的感觉。

(2)分解练习,即把一个较为复杂的完整技术动作,分解为由易到难的几个步骤,并且一步步地按顺序完成,最后再组合,完整地完成整个技术动作。例如在学某个完整的技术动作时,先教手臂摆动动作,再以此为基础将手臂动作与腰配合,然后进行步法移动练习,最后形成完整的击球动作。

(3)节奏练习,即将击球时间固定,使做出完整动作过程与再次来球保持一定的时间,形成一定的节奏。例如让学生在击球前先摆好引拍姿势,然后教师用固定的速度发球,让学生形成一见到球从本方台面弹起就直接挥拍迎击来球的习惯。

(4)多球练习,即通过一球一用或一球多用的反复供球,集中时间反复练习某一动作。由于增加了练习的密度,这样的练习有利于在短时间内较快形成正

确的动作技术。

2. 分化阶段

在分化阶段,学生已经掌握了正确的击球动作,形成了正确的肌肉感觉,同时也形成了一定程度的球感,肌肉的用力和放松已经较为协调,做动作时也不感觉别扭了。因此,击球的命中率有明显的提高,失误也明显减少,但同时也要对动作细节方面着重注意,有效纠正动作细节的错误。这时,教师可通过记录目标板数的达标测验结合技评观察,确定学生是否已经进入了分化阶段。

在分化阶段,教师在教学上的重点是使学生的正确动作得到巩固,同时提高击球时的质量。

(1)完整练习。正确动作的击球效果好,在分化阶段,应从完整练习中善于识别、发现错误动作,特别是细节之处,且一发现就应让其立即停下来并且回忆正确的动作细节,以便纠正。同时,在这个阶段中,应当把击球速度保持在与比赛要求基本一致的水平上。

(2)预防与纠正错误。在分化阶段还应注意,有的学生由于错误的动作未注意纠正而得到了强化,击球时出现经常下网或出界。这时,一方面要求及早发现,以免形成错误的定型;另一方面要善于抓住错误的关键,找到有效的纠正方法。

3. 自动化阶段

在自动化阶段,击球动作轻松自然,动作技术准确、熟练、省力,并能灵活自如地运用,不必考虑动作技术的要领方法就能将来求准确地还击回去。肌肉收缩和放松已经达到非常协调,思维也得到了解放,注意力已经不放在单个技术动作的正确与错误,而是开始考虑击球的落点、力量以及战术运用方面。只有当击球时同一个动作连续出现几次失误时,才会再次考虑击球动作问题方面,思考失误的原因,并进行纠正。因此,在自动化阶段,教师一方面可以考虑下步进行战术教学的可行性,另一方面,还应不时提醒学生注意动作要点,防止由于在不明原因的情况下,不知不觉的情况下造成动作变形。

在自动化阶段,教师在教学上的重点是以结合技术练习为主的完整技术动作的讲解,并且增加对乒乓球技术在战术运用上的解释,提高学生的战术意识,使其能将动作技术在比赛中自如调整、运用。

第三节 乒乓球教学方法

乒乓球教学常用的方法与其他体育项目有着较大的共性,一般采用的有语言法、直观法、完整法与分解法、练习法等。

第五章　乒乓球教学与练习方法

一、语言法

正确使用语言,使学生明确学习的任务,启发学生主动思考,端正学习的态度,加深学生对教材的理解,能够快速掌握乒乓球的基本知识、技术、技能,有效地提高身体素质、增强体质,培养分析、解决问题的能力等。

语言法的形式有讲解、指示、口令和提示等。讲解是乒乓球教学中最常用的一种语言法,通过向学生讲解,阐明动作的名称、要领、要求、作用等,帮助学生建立起正确的技术概念动作,并通过练习使其可以很快地掌握技术动作。讲解时要注意以下几点:

(1)讲解的目的要明确,要有针对性。

(2)讲解内容正确,符合学生实际水平。

(3)讲解的语言要通俗易懂,口齿清晰,简明扼要,不能只讲动作要领,还要适时进行提问,启发学生自己思考。

(4)要善于掌握讲解的时机。口令和提示是用简洁的语言、命令的方式指挥和启发学生迅速掌握技术动作的一种方法,教师也要善于使用。

二、直观法

直观法包括动作示范、比赛录像展示、图示等。

动作示范是乒乓球教学中最常用的方法之一,教师以正确的动作进行示范,使学生了解并直观清楚地看到所学动作的正确姿势和动作过程。正确的示范,在帮助学生建立正确动作概念的同时,还能激起学生进行练习的兴趣。

进行动作示范时要注意:

(1)示范的目的要明确。

(2)示范动作准确、熟练、轻快、优美。

(3)要让学生看清为主。根据学生的队形、动作性质及教学要求等注意示范动作的位置和方向,确定正面、侧面、背面示范。

(4)示范和讲解密切配合,使直观和思维相结合,并根据不同情况施教,比如学习新动作前,采取先讲后做的方法,纠正错误动作时采用先做后讲或边做边讲的方法等。

三、完整法与分解法

完整法是在进行某一技术动作的教学时,完整地进行教学和练习,不分部分,一般在动作比较简单的情况下运用,如发球、推挡、接球、搓球等。它的优点是可以完整地掌握技术动作。

分解法是将完整的动作合理地分成几个部分,按部分逐个地进行教学,先分后合,最后对技术动作全面地掌握。一般在学生初学基础较差阶段或动作较复杂的情况下采用。它的特点是由简单到复杂,循序渐进,容易提高学生的学习信心和兴趣。

四、练习法

练习法是根据乒乓球的教学任务,在教师的指导下有目的地重复做某一个技术动作并最终形成技能的方法。乒乓球练习法多种多样,有重复练习法、变换练习法、比赛法等。

(1)重复练习法:在动作不变且相对固定的情况下,根据目标和要求进行反复练习。如乒乓球基本技术的单线练习(以双方都是右手为例):正手斜线对攻、反手斜线对推、正手对反手直线练习、拉对削等。

(2)变换练习法:变换练习时的速度、旋转、落点、力量、速率(即乒乓球击球动作节奏的快慢)等。这个方法在学生掌握了两种以上基本技术的基础上可采用。

(3)比赛法:在乒乓球教学中,比赛法在乒乓球教学中又可分为单项技术比赛法、计分比赛法、限定条件比赛法和正式比赛法等。这种方法能调动学生的兴奋性和练习的积极性,并让学生将所学的基本技术学以致用。

第四节　乒乓球基本练习方法

一、握拍练习法

在学习乒乓球过程中,一开始握拍方法的正确与否,对击球动作和技术质量都有很大影响,因此在刚开始学习时就要重视握拍的正确性。

(1)教师帮助学生建立正确的握拍概念。

(2)在教师的指导下,掌握正确的握拍方法。

(3)结合各种熟悉球性的练习,在练习中体会和巩固握拍的正确方法。

练习1:各种形式的颠球。

练习2:对墙击球。

(4)结合各种挥拍练习,巩固正确的握拍动作,纠正错误的握拍动作。

练习1:在教师的指导或同伴的帮助下进行正手挥拍练习。

练习2:交替进行反手推挡和正手攻球挥拍练习。

(5)在各种单项技术和结合技术的练习过程中,随时注意握拍的正确与否,严格要求,尽早发现错误,并及时纠正。

二、单线练习法

乒乓球有5条基本球路(左方斜线、右方斜线、左方直线、右方直线、中路直线),学生可以根据自己的具体情况进行单一线路的练习。

1. 方法

(1)按规定的单一线路进行单一技术的练习,如右方斜线对攻。

(2)按规定的单一线路进行两个或两个以上技术的练习,如右方斜线的搓拉练习。

(3)在规定同一线路上,一人进攻,另一人防守。还可在单线的拉削练习中,拉球后紧跟一个摆短,以提高削球选手的前后步法。

2. 作用

(1)学习、熟悉某一单个技术或改进某动作的某些缺点。如通过右方斜线的中台对攻,解决攻球时腰腿协调发力的问题。

单一线路的练习既可提高全身协调配合发力的能力,又可提高制造击球弧线的能力,对于提高单个技术技能效果非常好。

(2)可以提高单一线路上两种或两种以上技术(包括手法和步法)的配合,减少失误。如为加强右半台的进攻能力,可采用右半台对练的方法:在右半台范围内,带有一定战术意识地进行发球、接发球、搓、攻、挡多种技术配合的训练。

(3)可以提高单一线路上调节击球节奏和步法的能力。

3. 注意事项

(1)在实际训练中,单线练习是指规定击球区域的练习。如两条斜线经常是以对角半台为界,两条直线往往是以同边半台为界。

(2)每一个击球都要有步法移动进行调节。即使是单一线路的单一技术练习,也应有单步或小碎步式的重心交换与移动。

三、复线练习法

(一)两点对一点的练习

1. 方法

(1)有规律地变化落点,如一左一右、两左一右或两左两右等。两点训练可以具体为二分之一台、三分之二台或全台两大角。

(2)无规律地变化落点:两点打一点者可使用一种技术(如正手三分之二台走动攻)或两种(左推右攻)及两种以上的技术。一点打两点者,可使用一种(如反手推挡)或两种以上的技术(如在摆速练习时,反手推结合反手攻或侧身攻),落点无规律。而且,这一点可是反手位、正手位或中路,可推、可攻、可拉弧圈球。

2.作用

(1)对主练者(两点对一点者):

1)几种技术结合起来的技术水平将会提高,衔接会更快。如反手攻球与正手攻球的结合、反手推挡与正手攻球的结合等。

2)步法移动速度会变快,特别是在全台用一种技术(如正手攻球)移动中击球,对锻炼步法的作用尤为明显。

(2)对陪练者(一点对两点者):可加强球性和球感,提高控制球与变化落点的能力。

3.注意事项

(1)由易到难、循序渐进:先将有规律变化的练习基础打牢,再进行无规律变化的练习。

(2)陪练者(一点打两点者)回球的速度和落点、角度的变化应与对方的水平相适应,难度适宜,最好是经对方努力后即可完成,要达到练习的目的。

(3)根据练习目的的不同,应有不同要求:如练习正手三分之二台走动攻时,要求用并步或滑跳步;练习正反手结合动作时,要求用跨步或并步。

另外,还应特别注意练习时单板的技术质量,不能进行敷衍式的练习。如练习正手拉上旋前冲弧圈球时,不能降低难度用正手攻球技术动作代替。

(4)为解决传统练习方法中将主练与陪练截然分开的弊端,有些内容可灵活变化,不能一攻一防这样死板地练习,可以在练习的过程中进行攻防的转换,这样可以更好地提高学生的实战能力。

(二) 两点对两点的练习

1.方法

(1)两直对一直一斜(见图5-1):一般为两名攻球手练习时采用。一方全部用正手走动攻,侧身位攻一直线、攻一斜线;正手位攻一直线、攻一斜线。另一方只打直线,反手位用反手打、正手位用正手打;正、反手各打两次直线。

还有一种方法与此法很相似,叫两斜对一斜一直(见图5-2)。一方全部用正手走动攻,侧身位攻一斜线、攻一直线;正手位攻一斜线、攻一直线。另一方只打斜线,反手位用反手打、正手位用正手打;正、反手各打两次斜线。

(2)逢斜变直、逢直变斜:一方遇斜线来球必须回直线,遇直线来球必须回斜线;另一方可随意向对方全台击球。

(3)两斜对两直:规定一方只能打两条直线,另一方只能打两条斜线的练习。

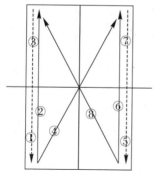
图 5-1 两直对一直一斜

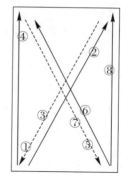
图 5-2 两斜对一斜一直

两方全台无规律地变化落点的练习。

2. 作用

(1) 在移动的过程中可以将两种技术结合运用,并能有意识地控制击球落点。

(2) 两直对一直一斜和两斜对一斜一直的练习,弥补了传统正手走动攻练习击球线路单一的缺点。现在的正手走动攻,既打斜线又打直线。另外,这两个练习方法还大大缩小了主、陪练的差距。

(3) 逢斜变直、逢直变斜的难度比两斜对两直大,既可锻炼步法,又可以提高判断能力和有意识地控制落点调动对方的能力。

(4) 全台练习,可以与自己的比赛战术相结合。

3. 注意事项

由易到难,练习双方应密切配合。

(三) 三点对一点的练习

1. 方法

三点者皆用正手攻或拉弧圈球,一点者可推、可拨、可削。

(1) 完全式的三点打一点练习(见图 5-3)。

(2) 不完全式的三点打一点练习(见图 5-4)。

(3) 变化式的三点打一点练习(见图 5-5):练习三点者皆用正手走动攻,每次移步动范围不超过半台。对方回球至左半台或右半台时,下板球肯定至中路;对方回球至中路时,下板球可能会至左半台或右半台。

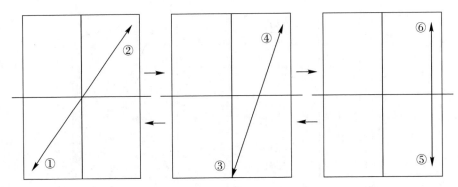

图 5-3 完全式的三点打一点练习

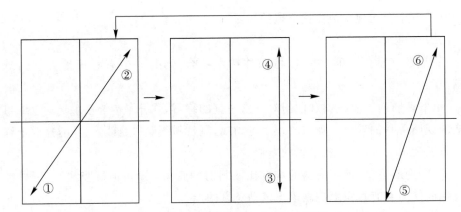

图 5-4 不完全式的三点打一点练习

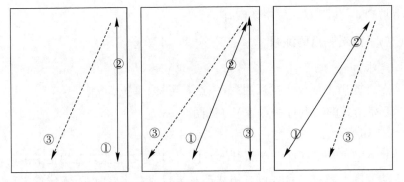

图 5-5 变化式的三点打一点练习

2. 作用

变化式的三点打一点练习，将判断、反应结合了进去，有变化、有难度，但由于每次移步范围不超过半台,所以难度稍小一些。可练习正手在左半台、中路和右半台的走动攻。学习正手走动攻时,往往先从完全式的三点打一点练习开始,随之进行不完全式的三点打一点练习。

3.注意事项

(1)主要用并步进行移动。

(2)侧身攻后应用交叉步扑正手。

(3)尽可能全用正手走动攻,实在来不及时,可用反手过渡一板,之后迅速转为正手走动攻。

(四)三点对两点的练习

1.方法

两点者,反手位来球用反手打,正手位来球用正手打(包括攻、带、拉弧圈球等);三点者全部采用正手走动攻球或拉弧圈球。双方击球具体线路,如图5-6所示。

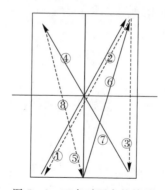

图5-6 三点对两点的练习

2.作用

一定程度上打破了主、陪练的界限,更大限度地调动了双方练习的积极性。双方都需要移动击球,提高在走动中击球同时控制击球落点的能力。在以往推、侧、扑练习中,扑正手这一板都是打直线,久而久之,许多人扑正手这一板球都不会打斜线了。三点打两点的练习,要求扑正手这板球打斜线,和以往的练习相结合,可以互相补充。

3.注意事项

刚开始采用此方法练习时,可稍降低击球速度,减少失误。待双方熟悉后,再逐渐提高击球速度和力量。

四、长短球练习法

1. 方法

在上面的练习中加进短球练习的内容,从有规律到无规律。这里的规律有两个含义:

(1)长短球变化的间隔时间,如一长一短、两长一短或无规律地变化长短落点。

(2)长短球的落点变化,如同线长短、异线长短。

2. 作用

(1)提高把台内、近台及中远台球的技术结合起来的能力。

(2)提高前后步法及其与左右步法结合的能力。

3. 注意事项

(1)练习中可结合旋转变化。

(2)要注意手法与步法相结合。

五、多球练习法

1. 方法

(1)独自多球单练:练习者台旁放一筐球,做单球练习,击球失误不必捡球,从筐中取球继续练习。

(2)供多球练习。

1)自供自练:如练习发球或攻小球,自己按既定要求供球,再做击球练习。

2)他人供球练习:陪练按要求供球,主练照计划练习。

a. 单人供球。

b. 双人供球。供球甲在台旁将球击给供球乙,供球乙再将球按要求供给主练者,如供球甲在台旁发下旋球给供球乙,供球乙拉冲弧圈球,主练者进行攻打弧圈球的练习。

3)机器供球:利用发球机进行练习。

2. 作用

(1)加大了练习的负荷(包括密度、强度、难度和运动量)。

(2)可按既定目的、要求供球,利于集中力量解决某一技术、战术或专项身体素质问题。尤其是解决有些用单球不易练到的技术难题时,效果特别明显。如解决攻下旋与上旋球的动作变换问题,可根据不同练习者的实际情况变换上旋、下旋球。练习者有更多的机会适应来球的旋转变化。

3. 注意事项

要注意与单球练习结合以及供球密度与难度适中。

六、帮助练习法

1. 方法

(1) 高帮低练习法：请比自己水平高的运动员陪练，以提高训练质量。

(2) 按己要求陪练法：请对方按自己的要求进行陪练攻球，可以针对性地提高自己的某项技术或战术水平。

(3) 男帮女练习法：一般情况下男运动员比女运动员的技术水平高，女选手请男选手给自己陪练可明显提高女选手的练习效果。

(4) 模拟对手陪练法：与自己将要比赛的选手打法相近者进行训练与比赛，以提高对未来比赛对手的适应能力。如日本队20世纪60年代发明了弧圈球，中国队由廖文挺模拟三木、余长春模拟木村进行陪练，取得了极其明显的效果。

2. 作用

提高训练质量，利于进行有针对性的训练。

七、目标训练法

目标练习法是以完成规定目标为界限的，如右方斜线对攻，以累计对攻500板为限。现一般训练都是以时间为界限的，如右方斜线对攻10min。

1. 方法

(1) 单方完成目标法：要求一方完成规定目标的练习，如正手拉前冲弧圈球累计200板的练习。

(2) 双方共同完成目标法：需双方共同努力来完成目标的练习，如两斜两直不失误完成10个来回。

2. 作用

可以及时得到定量的反馈，有利于调动学生练习的积极性，同时有利于学生提高专注度，减少动作变形和失误。

3. 注意事项

目标按照训练的目的而确定。如果是想要练习提高技术的稳定性，应制定高板数的目标；如果是想要练习提高攻球的杀伤力，应制定制胜对方几分球的目标（如10min内打死对方15分球）。所定目标应是在学生能力范围之内可完成，切忌目标过高或过低。

八、战术练习法

当学生的技术练习达到一定程度，意识可以脱离技术动作的束缚，转向思考如何发挥自己的技术优势、限制对手的技术而取胜时,就可以进行战术练习。

战术意识以单个技术的自动化为基础,是一种最高层次的、建立战术动力定型的联系,它是一个练习者所有的单个技术运动条件反射的总和,而且超出这个总和,形成各种有目的的、主动的、能灵活运用各项技术的能力。战术练习的步骤是:首先是单个战术练习,其次是综合战术练习,最后进行实战练习。

(一)单个战术练习

根据多次比赛的实践将复杂多变的战术简化,总结成带规律性的战术,反复练习。如对付正手单面强攻者(包括弧圈与快抽),可归纳为先压反手大角,后调正手空当,再压反手的战术。平时即照此练习。这是一个事半功倍的训练法。

(二)综合战术练习

1. 发球练习

(1) 非球台练习:无须球台,在床上、书桌上或其他场地进行发球练习。这可以解决抛球与挥拍触球动作的配合问题,提高发球的旋转强度。

(2) 球台上的多球练习:这节省了捡球时间,加大了练习的强度、密度。可将旋转、速度、落点一起结合练习。

(3) 有对手接的发球练习:发球者可以及时了解自己发球的效果,根据对手接球过来的情况可将战术意识结合到技术训练中去,同时接球者也可以练习接发球。

2. 发球抢攻练习

(1) 发一种或一套球后抢攻。

1)限定对方接发球的方法(或攻或搓)与落点。如,正手发左侧上、下旋至对方左近网,要求对方搓接到右半台,发球方进行抢攻。

决定对方接发球方法和落点的依据有3个:

a. 发球抢攻者正待解决的问题。

b. 比赛中接此发球的一般规律。

c. 接发球者的实际技术水平。如,从前两条看,应该让对方接发球撇一个左方配合挑一板正手,但对方不会撇,所以从实效出发,必须作相宜的变更。

2)发一种或一套球后抢攻:只限制接发球的落点而不限制其方法(可用攻、拉、搓、撇等技术接),可提高发球者在一定位置上对各种不同接法的球都能抢攻的能力。

3)发一种或一套球后抢攻:只限制接发球的方法而不限制落点,这样可以练习盯球能力,要盯住对方接发球的落点,迅速移步后抢攻。

4)发一种或一套球后抢攻:不限制接发球的方法和落点,这更接近于实战,对发球抢攻者要求更高,不但要判断位置,步法要移动,而且能抢攻各种不同性能的球。

（2）综合全面练习。不限制发球的种类、落点,对接发球亦无限制,可锻炼与考查发球抢攻者的实战能力。

在上述练习中,还应注意培养与提高学生判断局势、控制球的意识,而不是盲目地进行抢攻,即发球后的第一板无法抢攻（对方接发球甚好）时,不应急于盲目抢攻,而应有战术意识地先控制一板（如对方反手不擅攻,则可控制其反手大角度一板强烈下旋,逼其必以搓回之）,然后争取下板再抢攻。这在比赛中很有实际意义。

3.发球抢攻及其与以后技术的配合练习

发球抢攻练习同前,但要要求进行发抢后的相持技术的练习。这是为了解决发球抢攻与相持技术的结合,改变有些人发球抢攻没得分就无计可施的局面。为确保此练习的可行性,发球抢攻这一板力量不要过大,以保证上台为前提。

4.接发球练习

练习接发球时,需要告知发球方发什么种类、旋转、落点变化的球。

（1）单一发、接练习。

1)规定一种发球的旋转和落点,自己用一种或几种方法接:可集中精力适应这种发球的旋转从而熟悉这种发球。

2)规定一套发球变化的规律（如,一长一短、一转一不转等）,自己用一种或几种方法接。在分辨不清某种发球的旋转变化时,用此练习效果最好,可提高判断能力。

3)不限制发球的变化规律,全面练习接发球的技术。此法比较结合实战。

（2）对方发球后结合抢攻条件下的接发球练习:可进一步提高接发球的控制能力,及时得到反馈,了解接发球的效果。无论是单纯的发、接练习,还是对方发球后结合抢攻条件下的接发球练习,都必须对接发球提出具体的要求,或摆短,或劈长,或挑打,或抢攻。总之,不能是毫无要求的泛泛练习。

5.接发球结合以后技术的练习

（1）在其他内容的练习中,加入特定的发球（即规定发球种类、落点或旋转）:如左右摆速结合练习时,加入接左侧近网的右侧下旋发球,不仅可以大大增加接发球练习的机会,而且还训练了接发球与后面技术的结合能力。

（2）进攻型打法在接发球后打拉攻（对方为削球）或对攻（对方为攻球）,削球型打法在接发球后练削球。

（3）接发球与第四板球的结合练习:接发球先控制一板,在限制住对方发球抢攻的基础上,为自己下板球（第四板）的进攻制造机会。发球者第三板以控制为主(个别机会球进攻除外)。

(三)实战练习

训练是为了更好地比赛(实战),但有时比赛亦可作为训练的一种手段。

1.检查性比赛

(1)每堂训练课后或周末进行比赛,这是为了熟练地运用技术,如发现问题,可及时纠正。

(2)在对内比赛中,用教练员规定的技术或战术比赛。如将练习的新技术放在实践中考验,看敢不敢用,命中率如何,与其他技术的结合如何,对整个技术打法的影响如何。

2.紧张性比赛

有意制造比赛的紧张气氛,借以对运动员的技术、战术和心理进行全面的锻炼与考验。

(1)擂台赛:5~6人一组,只比赛一局,胜者继续打,败者下台等候轮转再战。

(2)升降台赛:两人一台,数台同时比赛,胜者挪向前方临近的球台,败者降到后方临近的球台,若干时间后,优胜者集中到前两台,失败者集中到后两台。可事先规定,依不同台号顺序决定奖惩。

(3)组织观众比赛,有意邀请运动员的家长或朋友参观,增加比赛的氛围,考验运动员的心理素质。

3.特定技、战术比赛

(1)限定技术比赛:如拉球对削球的比赛,规定突击或削中反攻失误1球丢2分,命中得1分;拉球与削球均为常规记分法,以突出训练的重点。

(2)8平、8:9或10平后比赛:可打擂台、升降台或循环赛,以提高打关键球的能力。

(3)轮换发球法比赛。

(4)发球抢攻比赛。

1)五板球的发球抢攻比赛。发球抢攻者在第五板球内(包括第五板球)打死对方算胜1分(发球为第一板,接发球为第二板,发球抢攻为第三板),未打死对方可算失分,亦可再继续打下去,输了失1分,胜了不计分。可采用每局11分的比赛方法,亦可从5平、8平或10平后开始比赛。

2)七板球的发球抢攻比赛。现接发球水平普遍提高,比赛中常会遇到第三板球难以抢攻的情况,此时勉强抢攻,极易失误。最好的办法是先控制一板,尽量使对方无法抢攻,然后在第五板球时再抢攻,力争第七板球打死对方。

(5)接发球比赛:接发球使对方无法发球抢攻或抢攻第一板失误得1分,接发球失误或对方抢攻得分算失1分。

4.适应性比赛

根据重大比赛的场次、观众、地理等条件,安排专门的适应性比赛。

(1)模拟将要举行的比赛的规模进行比赛,具体比赛方法、球台、球等皆应与真正的大赛一致。

(2)有意选择和即将举行赛事的城市的地理、气候等条件相似的城市进行比赛。

5.缩短练球时间

为适应11分赛制的特点,培养运动员尽快进入比赛状态的意识和能力,可在准备活动后,仅练球1～2min即开始比赛。

6.让分比赛

根据比赛目的和双方技术实力,规定一方对另一方让分进行比赛,如从0∶3开始比赛,从6∶9开始比赛。这种模式可以训练运动员在比分落后时不气馁的顽强作风和运用战术的能力;另外,在内部比赛时,若比赛双方实力相差很大,也可以用这个方法进行比赛。

实战比赛练习是全面战术和技术的综合演练。从练习中,可以检验战术和技术掌握的程度,一方面巩固已获得的技术战术动力定型,另一方面,找出薄弱环节,以便今后进行改进。

第六章 乒乓球竞赛规程与组织编排

第一节 乒乓球比赛规则

一、球台

(1)球台的上层表面叫作比赛台面,应为与水平面平行的长方形,长2.74m,宽1.525m,由地面向上至台面高76cm。

(2)比赛台面不包括球台台面的侧面。

(3)比赛台面可用任何材料制成,应具有一致的弹性,即当标准球从离台面30cm高处落至台面时,弹起高度应约为23cm。

(4)比赛台面应呈均匀的暗色,无光泽,沿每个2.74m的比赛台面边缘各有一条2cm宽的白色边线,沿每个1.525m的比赛台面边缘各有一条2cm宽的白色端线。

(5)比赛台面由一个与端线平行并与比赛台面垂直的球网划分为两个相等的台区,各台区的整个面积应是一个整体。

(6)双打时,各台区应由一条3mm宽的白色中线划分为两个相等的"半区"。中线与边线平行,并应视为右半区的一部分。

二、球网装置

(1)球网装置包括球网、悬网绳、网柱及将它们固定在球台上的夹钳部分。

(2)球网应悬挂在一根绳子上,绳子两端系在高15.25cm的直立网柱上,网柱外缘离开边线外缘的距离为15.25cm。

(3)整个球网的顶端距离比赛台面15.25cm。

(4)整个球网的底边应尽量贴近比赛台面,其两端应整体与网柱完全相连。

三、球

(1)球应为圆球体,直径为 40.0～40.6mm。

(2)球的质量为 2.7g。

(3)球应用塑料或类似的材料制成,呈白色、黄色或橙色,且无光泽。

四、球拍

(1)球拍的大小、形状和重量不限,但底板应平整、坚硬。

(2)天然木料的厚度至少占底板厚度的 85%,加强底板的黏合层可用诸如碳纤维、玻璃纤维或压缩纸等纤维材料,每层黏合层的厚度不超过底板总厚度的 7.5% 或 0.35mm。

(3)用来击球的拍面应用一层颗粒向外的普通颗粒胶覆盖,连同黏合剂,厚度不超过 2mm;或用颗粒向内或向外的海绵胶覆盖,连同黏合剂,厚度不超过 4mm。

(4)"普通颗粒胶"是一层无泡沫的天然橡胶或合成橡胶,其颗粒必须以每平方厘米不少于 10 颗,不多于 50 颗的平均密度分布整个表面。

(5)"海绵胶"即在一层泡沫橡胶上覆盖一层普通颗粒胶,普遍颗粒胶的厚度不超过 2mm。

(6)覆盖物应覆盖整个拍面,但不得超过其边缘。靠近拍柄部分以及手指执握部分可不予以覆盖,也可用任何材料覆盖。

(7)底板、底板中的任何夹层、覆盖物以及黏合层均应为厚度均匀的一个整体。

(8)球拍两面不论是否有覆盖物,必须无光泽,且一面为鲜红色,另一面为黑色。拍身边缘上的包边应无光泽,不得呈白色。

(9)由于意外的损坏、磨损或褪色,造成拍面的整体性和颜色上的一致性出现轻微的差异,只要未明显改变拍面的性能,可以允许使用。

(10)比赛开始时及比赛过程中运动员需要更换球拍时,必须向对方和裁判员展示他将要使用的球拍,并允许他们检查。

五、定义

(1)"回合":球处于比赛状态的一段时间。

(2)"球处于比赛状态":从发球时球有意向上抛起前静止在不执拍手掌上的最后一瞬间开始,直到该回合被判得分或重发球。

(3)"重发球":不予判分的回合。

(4)"一分":判分的回合。

(5)"执拍手":正握着球拍的手。

(6)"不执拍手":未握着球拍的手。"不执拍手臂":不执拍手的手臂。

(7)"击球":用握在手中的球拍或执拍手手腕以下部分触及处于比赛状态的球。

(8)"阻挡":当球处于比赛状态时,对方击球后,在比赛台面上方或向比赛台面方向运动的球,尚未触及本方台区,即触及本方运动员或他穿戴的任何物品,即为阻挡。

(9)"发球员":在一个回合中首先击球的运动员。

(10)"接发球员":在一个回合中第二个击球的运动员。

(11)"裁判员":被指定管理一场比赛的人。

(12)"副裁判员":被指定在某些方面协助裁判员工作的人。

(13)运动员"穿戴"的任何物品,包括其在一个回合开始时穿戴的任何物品,不包括比赛用球。

(14)球台的"端线",包括端线两端的无限延长线。

六、合法发球

(1)发球时,球应放在不执拍手的手掌上,手掌张开,保持静止。

(2)发球员须用手把球几乎垂直地向上抛起,不得使球旋转,并使球在离开不执拍手的手掌之后上升不少于16cm,球下降到被击出前不能碰到任何物体。

(3)当球从抛起的最高点下降时,发球员方可击球,使球首先触及本方台区,然后越过或绕过球网装置,再触及接发球员的台区。在双打中,球应先后触及发球员和接发球员的右半区。

(4)从发球开始,到球被击出,球始终在比赛台面的水平面以上和发球方的端线以外;而且从接发球方看,球不能被发球员或其双打同伴的身体或他们所穿戴的任何物品挡住。

(5)球一旦被抛起,发球员的不执拍手及其手臂应立即从球和球网之间的空间移开。球和球网之间额空间由球和球网及其向上的无限延伸来界定。

(6)运动员发球时,有责任让裁判员或副裁判员确信他的发球符合规则要求,且裁判员或副裁判员均可判定发球不合法。

(7)运动员因身体伤病不能严格遵守合法发球的某些规定时,可由裁判员做出决定免于执行。

七、合法还击

对方发球或还击后,本方运动员必须击球,使球直接越过或绕过球网装置,或触及球网装置后,再触及对方台区。

八、比赛中的击球次序

(1)在单打中,首先由发球员合法发球,再由接发球员合法还击,然后两者交替合法还击。

(2)在双打中,首先由发球员合法发球,再由接发球员合法还击,然后由发球员的同伴合法还击,再由接发球员的同伴合法还击。此后,运动员按此次序轮流合法还击。

九、重发球

1. 回合中应判重发球情况

(1)如果发球员发出的球,在越过或绕过球网装置时,触及球网装置,此后成为合法发球或被接发球员或其同伴阻挡。

(2)如果接发球员或同伴未准备好时,球已发出,而且接发球员或其同伴均没有企图击球。

(3)由于发生了运动员无法控制的干扰,而使运动员未能合法发球、合法还击或遵守规则。

(4)裁判员或副裁判员暂停比赛。

(5)在双打时,运动员错发、错接。

(6)由于身体残疾而坐轮椅的运动员在接发球时,发球员进行合法发球之后,出现下列情况:

1)球在触及接发球员的台区后,朝着球网的方向运行。

2)球停在接发球员的台区上。

3)在单打中,球在触及接发球员的台区后,从其任意一条边线离开球台。

2. 暂停比赛情况

(1)由于要纠正发球、接发球次序或方位错误。

(2)由于要实行轮换发球法。

(3)由于警告或处罚运动员。

(4)由于比赛环境受到干扰,以致该回合结果有可能受到影响。

十、一分

除被判重发球的回合,下列情况(均是在比赛状态下)运动员得一分:

(1)对方运动员未能合法发球。

(2)对方运动员未能合法还击。

(3)运动员在发球或还击后,对方运动员在击球前,球触及了除球网装置以外的任何东西。

(4)对方击球后,球没有触及本方台区而越过本方台区或端线。

(5)对方击球后,球穿过球网,或从球网和网柱之间,球网和比赛台面之间通过。

(6)对方阻挡。

(7)对方故意连续两次击球。

(8)对方用不符合本章第一节球拍之(3)条款的拍面击球。

(9)对方运动员或他穿戴的任何东西使球台移动。

(10)对方运动员或他穿戴的任何东西触及球网装置。

(11)对方运动员不执拍手触及比赛台面。

(12)双打时,对方运动员击球次序错误。

(13)执行轮换发球法时,接发球运动员或其双打同伴,包括接发球一击,完成了13次合法还击。

(14)如果双方运动员或双打配对由于身体残疾而坐轮椅:

1)对方击球时,其大腿后部未能和轮椅或坐垫保持最低限度的接触。

2)对方击球前,其任意一只手触及比赛台面。

3)在比赛状态中对方的脚垫或脚触及地面。

(15)如果对方双打配对中至少有一名运动员坐轮椅,轮椅的任何部分或站立运动员脚部超过球台中线的假定延长线。

十一、一局比赛

在一局比赛中,先得11分的一方为胜方。10平后,先多得2分的一方为胜方。

十二、一场比赛

(1)一场比赛由奇数局组成。

(2)一场比赛应连续进行,但在局与局之间,任何一名运动员都有权要求不超过1min的休息时间。

十三、发球、接发球和方位的次序

(1)选择发球、接发球和方位的权利应由抽签来决定,中签者可以选择先发球或先接发球,或选择先在某一方位。

(2)当一方运动员选择了先发球或先接发球,或选择了先在某一方位后,另一方运动员应有另一个选择的权利。

(3)在获得每2分之后,接发球方即成为发球方,依此类推,直至该局比赛结束,或者直至双方比分都达到10分或实行轮换发球法,这时,发球和接发球次序仍然不变,但每人只轮发1分球。

(4)在双打的第一局比赛中,先发球方确定第一发球员,再由先接发球方确定第一接发球员。在以后的各局比赛中,第一发球员确定后,第一接发球员应是前一局发球给他(她)的运动员。

(5)在双打中,每次换发球时,前面的接发球员应成为发球员,前面的发球员的同伴应成为接发球员。

(6)一局中首先发球的一方,在该场下一局应首先接发球。在双打决胜局中,当一方先得5分时,接发球方应交换接发球次序。

(7)一局中,在某一方位比赛的一方,在该场下一局应换到另一方位。在决胜局中,一方先得5分时,双方应交换方位。

十四、发球、接发球次序和方位错误

(1)裁判员一旦发现发球、接发球次序错误,应立即暂停比赛,并按该场比赛开始时确立的次序,按场上比分由应该发球或接发球的运动员发球或接发球;在双打中,则按发现错误时那一局中首先有发球权的一方所确立的次序进行纠正,继续比赛。

(2)裁判员一旦发现运动员应交换方位而未交换时,应立即暂停比赛,并按该场比赛开始时确立的次序,按场上比分运动员应站的正确方位进行纠正,再继续比赛。

(3)在任何情况下,发现错误之前的所有得分均有效。

十五、轮换发球法

(1)如果一局比赛进行到10min仍未结束,或者在此之前任何时间应双方运动员或配对的要求,应实行轮换发球法。

(2)如一局比赛已达到至少18分,将不实行轮换发球法。

(3)当时限到时,球仍处于比赛状态,裁判员应立即暂停比赛,由被暂停回合

的发球员发球,继续比赛;当时限到时,球未处于比赛状态,应由前一回合的接发球员发球,继续比赛。

(4)此后,每个运动员都轮发1分球,直至该局结束。如果接发球方进行了13次合法还击,则判发球方失1分。

(5)换发球法一经实行,将一直执行至该场比赛结束。

十六、间歇

(1)在局与局之间,有不超过1min的休息时间。
(2)在一场比赛中,双方各有一次不超过1min的暂停。
(3)每局比赛中,每得6分球后,或决胜局交换方位时,有短暂的时间擦汗。

第二节 双打规则

一、发球区

双打比赛中,发球员发球时必须使发出的球先落在本方球台的右半区,然后直接越过或绕过球网触及对方球台的右半区。中线应视为右半区的一部分。发球错区判发球方失1分。

二、发球次序

(1)抽签后,确定发球方、接发球方。在比赛开始前,裁判员要让发球方确定谁先发球,然后让接发球方确定谁先接发球。因此,接发球方可以根据对方发球员选择合适的队员为接球员。此外,由于发球区的限制,双打中发球威力减小,所以在双打比赛时,中签的一方一般选择接发球较为有利。双方确定了发球员和接发球员后,就可以排出第一局的发球次序。如果有甲、乙两对运动员进行双打比赛,甲队由A、B两名队员组成,乙队由X、Y两名队员组成;假如A先发球,X先接发球,那么,在此局中发球、接发球的次序为A发X接→X发B接→B发Y接→Y发A接,依此类推直到此局结束。顺序如下:

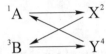

(2)第二局比赛开始时,裁判员仍需让发球方确定第一发球员。如上例,第二局乙队X、Y两名队员,可由X先发球,也可由Y先发球,在发球方确定以后,甲队接发球的运动员必须是第一局发球给本局发球员的运动员。因此,第二局

可能是：

$$^1X \rightleftarrows A^2 \qquad \text{或} \qquad ^1Y \rightleftarrows B^2$$
$$^3Y \rightleftarrows B^4 \qquad\qquad\qquad ^3X \rightleftarrows A^4$$

(3)第三局比赛开始时,裁判员仍需让发球方确定第一发球员。如上例,第三局甲队 A、B 两名队员,可由 A 先发球,也可由 B 先发球,当发球方确定以后,乙队接发球的运动员必须是第二局发球给本局发球员的运动员。因此,第三局可能是：

$$^1B \rightleftarrows Y^2 \qquad \text{或} \qquad ^1A \rightleftarrows X^2$$
$$^3A \rightleftarrows X^4 \qquad\qquad\qquad ^3B \rightleftarrows Y^4$$

依此类推,决胜局有一方比分先达 5 分时,在交换方位的同时必须交换接发球员,裁判员必须清楚下一球哪位运动员是发球员,然后根据记录调整接发球员,使比赛发球、接发球的次序和双数局相同。

1)若决胜局比赛开始时 A 发球。

如比分在 5：0 时交换方位,应为 B 发 X 接；

如比分在 5：1 或 5：2 时交换方位,应为 Y 发 B 接；

如比分在 5：3 或 5：4 时交换方位,应为 A 发 Y 接。

2)若决胜局比赛开始时 B 发球。

如比分在 5：0 时交换方位,应为 A 发 Y 接；

如比分在 5：1 或 5：2 时交换方位,应为 X 发 A 接；

如比分在 5：3 或 5：4 时交换方位,应为 B 发 X 接。

(4)在长期的裁判实践中,裁判员们摸索出了一种只要记住了发球员,利用运动员的其一特征很容易找到接发球员的方法,这就是利用"顺向"和"逆向"寻找接发球员的方法：

1)可以先将双方运动员,用同一种区分法把同队的两个运动员区分开,如 A 高 B 矮、X 高 Y 矮,或 A 胖 B 瘦、X 胖 Y 瘦。在混合双打中,则用 A 男 B 女、X 男 Y 女来区分。

2)根据第一局比赛开始时确定的发球次序,以男女混合双打为例,若 A 男 B 女、X 男 Y 女,如果发球次序是 A→X→B→Y→A,则 AB 方发球,必须是男发男接,女发女接,这种同一特征的人接发球,叫作"顺向"。而 XY 方发球,必须是男发女接,这种不同特征的人接发球,叫作"逆向"。反之,如果发球次序为 A→Y→B→X→A,则 AB 方发球是"逆向",而 XY 方发球是"顺向"。比赛中哪一方为"顺向",哪一方为"逆向",是由第一局确定第一发球员和第一接发球员时而定,决不能理解为某一方一定是"逆向"或"顺向"。

如果第一局的发球顺序为前一种,XY 站在北方,第二局比赛开始时交换方位后 XY 转到南方,AB 转到北方,发球的次序可能是 X→A→Y→B→X 或 Y→B→X→A→Y,则 XY 方发球时为"顺向",AB 方发球时为"逆向"。由此可知,第一局定了顺逆向之后,站在南方的队发球时总是"顺向",站在北方的队发球时总是"逆向"。这样根据方位来判断发球员的方法较容易,只要不发生交换方位错误,就很容易知道发球的顺序。此外,由于裁判员临场时一般都要选择备用球,并将其放在自己上衣首先发球一方的口袋中,第一局比赛开始确定发球次序后,如果从有球一方发出的球为"顺向",则整场比赛从有球一方发出的球均为"顺向"。

3)在确定了顺逆向之后,在比赛中无论发生什么样的情况,只要能准确地确定发球员,就可以准确地确定接发球员。例如:第一局确定了第一发球员和第一接发球员之后,发球次序是 A→X→B→Y→A,在第二局轮到 Y 发球时,由于这时 XY 方在南方应为"逆向"。

三、击球次序的规定

参加双打的两名运动员必须轮流每人击球一次,一人连续击球两次失 1 分。

四、双打判罚的规定

参加双打比赛的两名运动员在执行规则时应被视为一方运动员,对其中任何一名运动员的警告和判罚都应被视为对这一方运动员的警告和判罚,但两名运动员的球拍不能互换。

第三节　国际竞赛规程

一、器材

1. 球

(1)运动员不得在赛区内挑选比赛用球。

(2)在进入赛区之前,运动员应有机会挑选一个或几个比赛用球,并由裁判员任意从中取一个球进行比赛。

(3)如果比赛中球损坏,应由比赛前选定的另外一个球代替;如果没有赛前选定的球,则由裁判员从一盒赛会指定的比赛用球中任意取一个球代替。

2.球拍

(1)比赛开始前至少 20min,运动员应把比赛球拍送到检录处,由裁判员进行检测或由裁判员送至球拍检测室进行检测。裁判员应对球拍的厚度、平整度以及表面的破损等进行检查。

(2)裁判员不能在进入场地之后检测球拍。如果运动员在赛前没有送检球拍或球拍在比赛中因损坏而更换,该球拍必须进行赛后球拍检测。

(3)球拍击球拍面的覆盖物应是国际乒联现行许可的,并有国际乒联编号(如有)、供应商和商标名。在球拍上粘贴覆盖物时应使这些标志在最靠近拍柄处清晰可见。国际乒联办公室负责更新所有批准和授权的器材和材料清单,详细资料可以从国际乒联网上获得。

(4)每个运动员有责任确保用于粘贴球拍覆盖物的黏合剂不含有有毒挥发性溶剂。没有通过赛前球拍检测的球拍不能在有球拍检测的比赛中使用。没有通过赛后球拍随机抽查的运动员将会受到处罚。

(5)应使用经过国际乒联许可的球拍覆盖物,且不得用任何物理、化学或其他方式进行处理而改变其击球性能、摩擦力、外观、颜色、结构、表面等。

(6)由于意外的损坏、磨损或褪色,造成拍面的整体性和颜色上的一致性出现轻微的差异,只要未明显改变拍面的性能,可以允许使用。

(7)在一场单项比赛中,不允许更换球拍,除非球拍严重损坏不能使用。如果运动员在比赛中损坏了球拍,应立即替换随身带来的另一块球拍,或场外递进的球拍。

(8)运动员在比赛间歇时,应将球拍留在比赛的球台上,得到裁判员的特殊许可除外。

二、练习

(1)在一场比赛开始前 2min,运动员有权在比赛球台上练习,正常间歇不能练习,只有裁判长有权延长特殊的练习时间。

(2)在紧急中断比赛时,裁判长可允许运动员在任何球台上练习,包括比赛用的球台。

(3)运动员应有合理的机会检查和熟悉将要使用的器材,在替换破球或损坏的球拍后,动员可练习少数几个回合,然后继续比赛。

三、间歇

(1)除了任何方运动员提出要求外,比赛应该继续进行。
1)在局与局之间,有不超过 1min 的休息时间。

2)每局比赛中,每得 6 分后,或决胜局交换方位时,可用短暂的时间擦汗。

(2)一名或一对双打运动员可在一场单项比赛中要求一次暂停,时间不超过 1min。

1)在单项比赛中,暂停应由运动员或指定的场外指导者提出;在团体比赛中,应由运动员或队长提出。

2)当一名运动员或一对运动员与其指导者或教练员对是否暂停有不同意见时,在单项比赛中决定权属于这名或这对运动员,在团体比赛中决定权属于指导者或教练员。

3)请求暂停只能在未处于比赛状态时做出,应用双手做出"T"形表示。

4)在得到某方合理的暂停请求后,裁判员应暂停比赛并出示白牌(见图 6-1),然后将白牌放在提出要求暂停一方运动员的台区上。

5)当提出暂停的一方运动员准备继续比赛(以时间短的计算)或 1min 暂停时间已到时,白牌应被拿走并且立即恢复比赛。

6)如果比赛双方运动员或是他们的代表同时提出要求暂停,应在双方运动员准备恢复比赛或暂停时间满 1min 时继续比赛。在这场单项比赛中,双方运动员都不再有暂停的权利。

图 6-1 暂停

(3)运动员因意外事件而暂时丧失比赛能力时,裁判长若认为中断比赛不至于给对方带来不利,可允许中断比赛,但时间应尽量短些,在任何情况下都不得超过 10min。

(4)如果失去比赛能力的状态早已存在,或在比赛开始前就有理由可以预见,或由于比赛的正常紧张状态引起,则不能允许中断比赛。如果失去比赛能力的原因在于运动员当时身体状况或比赛进行的方式,引起抽筋或过度疲劳,这些也不能成为中断比赛的理由。只有意外事故,如摔倒受伤而丧失比赛能力,才能允许紧急中断。

(5)如果赛区内有人受伤流血,应立即中断比赛,直到他接受了医疗救护并将赛区内血迹擦干净后再恢复比赛。

(6)除非裁判长允许,运动员在单项比赛中应留在赛区内或赛区附近,在局与局之间的法定休息时间内,运动员应在裁判员的监督下,留在赛区周围3m以内的地方。

四、服装

(1)比赛服装包括短袖运动衫、短裤或短裙、短袜和运动鞋;其他服装,如半套或全套运动服,不得在比赛时穿着,得到裁判长许可时除外。

(2)短袖运动衫(袖子和领子除外)、短裤或短裙的主要颜色应与比赛用球的颜色明显不同。

(3)在运动员比赛短袖服装的后背可印有号码和文字,用于标明运动员、运动员所属的协会,或在俱乐部比赛时,标明运动员所属俱乐部,但必须符合规则中有关的广告规定。如果短袖比赛服装的背后印有运动员的姓名,应该在紧靠衣领下的位置。

(4)在短袖运动衫背部的中间位置应优先考虑佩戴被组织者指定的用于标明运动员身份的号码布,而不是广告。这个号码布应是长方形,面积不大于 $600cm^2$。

(5)在运动服前面或侧面的任何标记或装饰物以及运动员佩戴的任何物品,如珠宝装饰等,均不应过于显眼或反光,以致影响对方的视线。

(6)服装上不得带有可能产生不悦或诋毁本项运动声誉的设计和字样。

(7)有关比赛服的合法性及可接受性问题,应由裁判长决定。

(8)团体赛同队运动员,或同一协会组成的双打运动员,应穿着同样的服装,但鞋袜除外。

(9)比赛的双方运动员应穿着颜色明显不同的运动上衣,以使观众能够容易地区分他们。

(10)当双方运动员或运动队所穿服装颜色类似且均不愿更换时,应通过抽签决定某一方必须更换。

(11)运动员参加世界、奥林匹克或国际公开锦标赛时,穿着的短袖运动衫、短裤或短裙等应为其协会批准的种类。

五、广告

(1)在赛区内,广告只能在规定设置的器材和装置上展示,而不能单独设置。

(2)赛区内任何地方不准使用荧光或发光的颜色。

(3)挡板内侧的字样和标记禁止使用白色或橙色,亦不得超过两种颜色,其总高度应限制在40cm以内;建议使用比底色深些或浅些的颜色。

(4)地板上和球台端面、侧面上标记物的颜色应深于或浅于底色,或者是黑色。

(5)比赛区域地面最多可有4个广告,球台的每个侧面和每个端面可各有1个广告,每个广告的总面积不得超过$2.5m^2$;广告与挡板的距离不得少于$1m$,两端的广告与挡板的距离不得超过$2m$。

(6)球台两个侧面各1/2处和端面均可有1个临时性广告,该广告不得是其他乒乓球器材供应商的广告,而且和永久性广告必须有明显区别;每个广告总长度不得超过$60cm$。

(7)球网上的广告应深于或浅于背景的颜色,与球网顶端的距离不少于$3cm$,并且不得遮盖网眼。

(8)赛区内裁判桌或其他器材上的广告,其任何一面的总面积不得超过$750cm^2$。

(9)运动员服装上的广告应受下列限制:

1)制造厂家的正常商标、标记或名称,所占总面积不得超过$24cm^2$。

2)短袖运动衫前面、侧面和肩部不得有6条以上的广告,总面积不得超过$600cm^2$,每条广告必须明显分开;而且在短袖运动衫正面的广告不得超过4条。

3)短袖运动衫的背后不得有两条以上的广告,总面积不得超过$400cm^2$。

4)短裤或短裙上可有不超过两个、总面积不超过$80cm^2$的广告;

(10)运动员号码布上的广告总面积不得超过$100cm^2$。

(11)裁判员服装上的广告总面积不得超过$40cm^2$。

(12)比赛服或号码布上的广告不得有烟草制品、含酒精饮料或者有害药品的广告。

六、场外指导

(1)团体比赛,运动员可接受任何人的场外指导;单项比赛,运动员只能接受一个人的场外指导,而这个指导者的身份应在该场比赛前向裁判员说明。如果一对双打运动员来自不同的协会,则可分别授权一名指导者。如发现未经许可的指导者,裁判员应出示红牌,并令其远离赛区。

(2)在局与局的休息时间或经批准的中断时间内,运动员可接受场外指导,但在赛前练习结束后到比赛开始前不能接受场外指导。如果合法的指导者在其他的时间里进行指导,裁判员应出示黄牌进行警告;如在警告后再次违犯,应出示红牌将其驱逐出赛区。

(3)在一个团体赛或单项比赛中的一场比赛中,指导者已被警告过,如任何人再进行非法指导,裁判员将出示红牌,并将其驱逐出赛区,不论其是否曾被警告过。

(4)在团体比赛中被驱逐出赛区的人不允许在团体比赛结束前返回,除非需要其上场比赛。在单项比赛中,被驱逐出赛区的指导者不允许在该场单项比赛结束前返回。

(5)如被驱逐出赛区的指导者拒绝离开或在比赛结束前返回,裁判员应中断比赛,并立即向裁判长报告。

(6)以上规定只限于对比赛的指导,并不限制运动员或队长就裁判员的决定提出正式申斥,或阻止运动员与所属协会的代表或翻译就某项判决的解释进行商议。

七、不良行为

(1)运动员和教练员应克制那些可能不公平地影响对手、冒犯观众或影响本项运动声誉的不良行为,诸如辱骂性语言,故意损坏球或将球打出赛区,踢球台或挡板和不尊重比赛官员等。

(2)任何时候,运动员或教练员出现严重冒犯行为,裁判员应中断比赛,立即报告裁判长;如果冒犯行为不太严重,第一次,裁判员可出示黄牌(见图6-2),警告冒犯者,如再次冒犯将被判罚。

(3)除严重冒犯,动员在受到警告后,在同一场单项比赛或团体比赛中,第二次冒犯,裁判员应判对方得1分,再犯,判对方得2分,每次判罚,应同时出示黄牌和红牌(见图6-3)。

图6-2 警告　　　　　　　　图6-3 罚分

(4)在同一场单项比赛或团体比赛中,运动员在被判罚3分后继续有不良行为,裁判员应中断比赛,并立即报告裁判长。

(5)在一场比赛中,如果运动员要求更换没有损坏的球拍,裁判员应停止比赛,向裁判长报告。

(6)双打配对中的任何一名运动员所受到的警告或判罚,应视作是该对双打运动员的,但未受警告的运动员在同一场团体比赛随后的单项比赛中不受影响;

双打比赛开始后,配对运动员中任何一名在同场团体比赛中已经受到的最严重的警告或判罚,应视作是该对双打运动员的。

(7)除教练员或运动员出现严重冒犯行为外,教练员在受到警告后,在同一场单项比赛或团体比赛中再次冒犯,裁判应出示红牌将其驱逐出赛区,直到该场团体赛或单项赛中的该场单项比赛结束才可返回。

(8)无论是否得到裁判员的报告,裁判长有权取消有严重不公平或冒犯行为运动员的比赛资格,包括取消一场比赛、一项比赛或整个比赛的比赛资格。当他采取行动时应出示红牌。

(9)如果一名运动员在团体(或单项)比赛中有两场被取消了比赛资格,就自动失去了其参加团体(或单项)比赛的资格。

(10)裁判长有权取消已经两次被驱逐出赛区的任何人在本次竞赛剩余时间里的临场资格。

(11)非常严重的不良行为的事例应报告冒犯者所属协会。

第四节　竞赛官员

一、裁判长

每次竞赛应指派一名裁判长,其身份和工作地点应告知所有参赛者及队长。裁判长应对下列事项负责:

(1)主持抽签。

(2)编排比赛日程。

(3)指派裁判人员。

(4)主持裁判人员的赛前短会。

(5)审查运动员的参赛资格。

(6)决定在紧急时刻是否中断比赛。

(7)决定在一场比赛中运动员是否可以离开赛区。

(8)决定是否可以延长法定练习时间。

(9)决定在一场比赛中运动员能否穿长运动服。

(10)对解释规则和规程的任何问题做出决定,包括服装、比赛器材和比赛条件的可接受性。

(11)决定在比赛紧急中断时,运动员能否练习,以及练习地点。

(12)对于不良行为或其他违反规程的行为采取纪律行动。

(13)裁判长或在其缺席时负责代理的副裁判长,在比赛过程中自始至终应亲临比赛场地。

(14)如果裁判长认为必要,可在任何时间更换裁判人员,但不得更改被更换者在其职权范围内就事实问题做出的判定。

(15)运动员从抵达比赛场地开始至离开场地,应处于裁判长的管辖之下。

二、裁判员

(1)每场比赛均应指派1名裁判员和1名副裁判员。

(2)裁判员应坐或站在球台的一侧,与球网成同一直线。副裁判员应面对裁判员坐在球台另一侧。

(3)裁判员应对下列事项负责:

1)检查比赛器材和比赛条件的可接受性,如有问题向裁判长报告。

2)需要时指定比赛用球。

3)主持抽签,并确定发球、接发球和方位。

4)决定是否由于运动员身体伤病而放宽合法发球的某些规定。

5)控制方位和发球、接发球次序,纠正上述有关方面出现的错误。

6)决定每一回合得1分或重发球。

7)根据规定的程序报分。

8)在适当的时间执行轮换发球法。

9)保持比赛的连续性。

10)对违反场外指导或行为等规定者采取行动。

(4)副裁判员应对下列事项负责:

1)决定处于比赛状态中的球是否是触及距离他最近的比赛台面的上边缘。

2)有违反场外指导或行为规定时,通知裁判员。

(5)裁判员和副裁判员均可判决:

1)运动员发球动作不合法。

2)合法发球在球超过或绕过球网装置是否触及球网装置。

3)运动员阻挡。

4)比赛环境受到意外干扰,该回合的结果有可能受到影响。

5)掌握练习时间、比赛时间及间歇时间。

(4)执行轮换发球法时,副裁判员或另外指派的一名裁判人员均可当计数员,计接发球方运动员的击球板数。

(5)裁判员不得否决副裁判员或计数员在其职权范围之内所做出的决定。

(6)从抵达比赛区域开始直至离开区域,运动员应处于裁判员的管辖之下。

三、乒乓球比赛的管理

1. 报分

(1)当球一结束比赛状态,裁判员应立即报分。如考虑掌声或其他噪声将影响报分,应在情况允许时立即报分。

1)报分时,裁判员应首先报下一回合即将发球一方的得分数,然后报对方的得分数。例如一场比赛中即将发球的一方得5分,接发球一方得3分,此时裁判应报5比3。

2)一局比赛开始和交换发球权时,裁判员应用手势指向下一个发球员,也可以在报完比分后,报出下一回合发球员的姓名。指向下一个发球员手势的含义是:换发球。在国内许多裁判员在运动员发球擦网时,均要报"擦网","重发",并用手指指向发球方,但此时是重发球,并没有换发球,所以,不应做换发球的手势。

3)一局比赛结束时,裁判员应先报胜方运动员的姓名,然后报胜方得分数,再报负方的得分数。例如:一局王皓与王励勤的比赛,王皓得13分,王励勤得11分,裁判员应宣布:王皓,13比11胜。

(2)裁判员除报分外,还可以用手势表示他的判决。

1)当判得分时,裁判员可将靠近得分方的手举至齐肩高。手势应是:大臂与身体成90°,小臂与大臂成90°,握拳,拳心朝外(见图6-4)。

图6-4 得分

2)当由于某种原因,回合应被判为重发球时,裁判员可以将手高举过头,表示该回合结束。手势应是:手臂伸直上举,五指并拢,掌心朝外(见图6-5)。

3)当需要换发球时,裁判员应将手指向下一个发球员。手势应是:靠近下一个发球员手臂伸直侧平举,掌心朝前,手指向下一个发球员一边(见图6-6),但并不要求指向下一个发球员所站的位置。

图6-5 重发球

图6-6 换发球

（3）建议发球员在双方运动员未准确得知比分之前，不要发球；如裁判员认为发球员经常发球过早，对对方有不利影响，应警告发球员推迟发球，如有必要应提醒接发球员举手表明自己未准备好。目前规则规定：在球一脱离比赛状态时，只要情况允许，裁判员应立即报分，而不应该等到双方运动员开始准备比赛时。这虽然可以让运动员、教练员和现场的观众能够尽早地知道比分，却不好控制运动员发球的时间。虽然大多数运动员并不急于发球，但有时也会因为对方发球过早而引起纠纷。如果发球方已将球发出，但接发球的运动员及其同伴没有接发球的动作，这一个回合应判"重发球"；如果有接发球的动作，如果裁判员认为发球员发球过早，对对方产生了不利的影响，应及时警告发球方运动员，同时要求接发球运动员在未准备好时举手示意。但同时裁判员也应排除接发球运动员因为接不好对方运动员的某个发球而故意不接。

（4）报分以及在实行轮换发球法时的报数，裁判员应使用英语或用双方运动员及裁判员均能接受的任何其他语言。在国际比赛中，因为考虑到观众等多方面的原因，报分最好使用英语。但由于华语国家是目前乒乓球运动开展较好的国家，而许多海外兵团和许多世界乒坛的高手都曾在中国训练过，因此，在许多时候用中文报分也能被广大运动员所接受。

（5）应使用机械或电子设备显示比分，使运动员和观众都能看清楚。

（6）裁判员报分要清晰，但应注意词语不要倾向于某方运动员。为使观众能较准确地了解比赛进程,裁判员报分应当响亮一些,如使用话筒,裁判员应该适应一下它的特性,并且能准确地掌握,否则可能会把裁判员并不想让观众听到的声音传送出去。目前在大多数比赛中因为球台较多,如果每名裁判员都配备一个话筒,就会互相干扰。因此,除非比赛只用一张球台,多数情况下裁判员必须使用自己的声音报分,报分时至少应该让坐在场外教练席上的教练员和运动员听清比分。

(7)通常一个回合结束时,裁判员应立即报分,而不应该等到他判断运动员已经准备好可以恢复比赛时再报。如果比赛场地的喝彩声太大或一名运动员到赛场的后部拣球时,裁判员可暂缓报分,直到裁判员确信所有运动员都能听到比分时再报。

(8)虽然裁判员使用运动员的姓名是有选择性的,但他应该确信如何正确地读运动员的姓名,裁判员应在比赛开始前向运动员核实他们姓名的正确发音。

(9)当比分相同时,例如4∶4,可报为"4比4"或"4平",比分"0"可以用"love"或"zero"表示。在一局比赛开始时,裁判员可以宣布"0比0,×××",但说"×××发球,0比0"更好,因为这样可以避免报分结束之前运动员发球。如果该回合为重发球,裁判员应重复上一个回合结束时的比分,以表示该回合没有得分,但不必要将手指向下一个发球方,以免使观众误会为换发球。

(10)在团体比赛中,报分时可以用参加比赛协会的名称代替上场运动员的姓名,或者两者同时报,例如,在开始比赛时可以报成:"中国队×××发球,0比0"。在单局比赛中,比分可以报为:"5比5,中国",在某场比赛结束时,裁判员可以宣告:"11∶7,中国,中国3比2胜,中国1比0,领先。"

(11)除报分外,裁判员还可以用手势来表示他的判决,尤其是在嘈杂声很高,裁判员的报分难以被听清时。即使裁判员因为喝彩声或运动员拣球而延迟报分,一个及时的手势,也可以让记分员立即翻分,而不需要等到报分后。

(12)裁判员必须在换发球时,把靠近发球方的手臂伸向下一个回合准备发球的一方,用来指明下一个回合的发球方。但这是换发球的手势,如果一个回合被判为重发球,裁判员在把手高举过头表明该回合不得分后,不能做这一手势,以免引起误会。

(13)当副裁判员在其职权范围内做出重发球的判定时,为引起裁判员的注意,他也应把手高举过头,例如,发球擦网、发球犯规、外界球入场等。

(14)解释语。

1)通常裁判员不必去解释做出的决定,而且应避免不必要的通告。例如:一个发球员发球明显犯规,而此球下网时,裁判员就没有必要喊"犯规"。然而,如果一个回合在没有自动结束或原因不明显的情况下,裁判员就做出判定,可用宣告及手势(见表 6-1)进行简单的解释。

表 6-1 宣告及手势

比赛情况	裁判员的手势	裁判员的宣告	副裁判员的手势	副裁判员的手势
比赛开始	用下一个发球员手势指向第一发球员	X 发球,0 比 0	没有	没有
换发球时	用下一个发球员手势指向下一个发球员	没有	没有	没有
中断后恢复比赛时	用下一个发球员手势指向下一个发球员	重报比分	没有	没有
得分	用靠近得分方的手做得分手势	新比分	没有	没有
发球擦网	球一接触正确的台区,重发球手势	"重发",并重新报比分	球接触正确的台区,重发球手势	没有
发球犯规	用靠近接发球方的手做得分手势	"犯规",并报新比分	中断比赛的手势	"犯规",如果必要,向裁判员说明
双打比赛中发球错区	用靠近接发球方的手做得分手势,如果必要,用手指向中线	"犯规",并报新比分	没有	没有
发球失误	用靠近接发球方的手做得分手势	"犯规",并报新比分	没有	没有
怀疑发球犯规(该场比赛第一次出现)	重发球的手势	"重发",警告发球员,并重新报比分	没有	没有
怀疑发球犯规(同一名或一对运动员一场比赛中再次出现)	用靠近接发球方的手做得分手势	"犯规",并报新比分	没有	没有
中断比赛(外界球入场等)	重发球的手势	"重发",并重报上一个回合的比分	重发球的手势	"停"

续表

比赛情况	裁判员的手势	裁判员的宣告	副裁判员的手势	副裁判员的手势
在球处于比赛状态时发现发球、接发球方位错误	重发球的手势	"重发",纠正错误,并重报上一个回合的比分	没有	没有
在球处于比赛状态时,第一次非法指导	重发球的手势	"重发",警告指导者,并重报上一个回合的比分	没有	没有
在球处于比赛状态时,再次非法指导	重发球的手势	"重发",让指导者离开比赛场地,并重报上一个回合的比分	重发球的手势	"停",并向裁判员说明
在回合之间非法指导	重发球的手势	警告指导者	重发球的手势	通知裁判员
运动员阻挡	用靠近得分方的手做得分手势	新比分	没有	"停",并向裁判员说明
任何不能自动中断比赛的犯规	重发球的手势	"停",并报新比分	没有	没有
副裁判这边的擦边球	没有	没有	如果必要,指向擦边处	"擦边"
其他部位的擦边球	如果必要,指向擦边处	新比分	没有	没有
球触及副裁判员一侧边线的侧面	没有	新比分	重发球的手势	"侧面"
时间到(如果副裁判员监控时间)	在副裁判员做出手势和宣告后,做重发球的手势	如果必要,宣告"重发",宣告轮换发球法开始执行,并重报前个回合的比分	重发球的手势	"时间到"
时间到(如果裁判员监控时间)	重发球的手势	"时间到",宣告轮换发球法开始执行,并重报前一个回合的比分	没有	没有

续表

比赛情况	裁判员的手势	裁判员的宣告	副裁判员的手势	副裁判员的手势
有人要求暂停	重发球的手势,高举白牌指向要求暂停一侧的运动员,直到副裁判员将时间暂停牌放在要求暂停运动员的球台上	没有	将时间暂停牌放在要求暂停运动员一侧的球台上,站在靠近副裁判员使用的裁判桌前,直到运动员回到场地或时间到,将时间暂停牌移走	没有
暂停时间到（如果副裁判员监控时间）	运动员返回时,用下一个发球员手势指向下一个发球员	重报前一个回合的比分	将时间暂停牌移走,并且将一张白牌放到要求暂停运动员的记分牌旁边	"时间到"（如果运动员没有返回）
暂停时间到（如果裁判员监控时间）	运动员返回时,用下一个发球员手势指向下一个发球员	"时间到"（如果运动员没有返回）,重报前一个回合的比分	将时间暂停牌移走,并且将一张白牌放到要求暂停运动员的记分牌旁边	没有
行为犯规（第一次出现）	对着犯规的运动员高举黄牌（不要离开裁判椅）	"重发",如果球处于比赛状态,警告犯规运动员,并重报前一个回合的比分	将一张黄牌放在被警告运动员一侧的记分牌旁边	没有
行为犯规（第二次、第三次出现）	对着犯规的运动员高举黄牌和红牌（不要离开裁判椅）	"重发",如果球处于比赛状态,宣布判罚后的新比分	没有	没有
一局比赛结束	没有	局分,并做一局比赛结束时的宣告	没有	没有
一场比赛结束	没有	场分,并做一场比赛结束时的宣告	没有	没有

2）必要时应该进行详细解释，尤其是当运动员的发球被判犯规，但他却不清楚自己错在哪里时。语言问题可用手势来克服，如当运动员未注意球擦边时，裁判员可用手指向擦边处（见图6-7）。当裁判员不能用语言表明运动员的发球

动作犯规时,可以把已判罚的发球动作表演一下,等等。

图6-7 擦边

第五节 竞赛组织

一、抽签

(一)抽签的任务

抽签主要是确定每个参赛者在整个比赛中的位置,以确定各参赛者之间的相互关系,同时,也为确定比赛次序和比赛条件提供基础。在一切具有不同机遇的竞赛环节中都需要抽签,以使所有参赛者在竞赛中实现最大限度的机会均等。

(二)抽签的原则

1.种子队员合理分开,最后相遇

规则规定:

(1)排名在前的选手应被列为种子,以使他们在比赛进行到较后轮次时相遇。

(2)第一号种子应安排在上半区的顶部,第二号种子应安排在下半区的底部,其余种子应通过抽签进入规定的位置,具体如下:

第三、第四号种子应抽入上半区的底部和下半区的顶部。第五至第八号种子应抽入单数1/4区的底部和双数1/4区的顶部;第九至第十六号种子应抽入单数1/8区的底部和双数1/8区的顶部;第十七至第三十二号种子应抽入单数1/16区的底部和双数1/16区的顶部。

2.同队队员合理分开,最后相遇

规则规定:

(1)来自同协会的报名选手应尽可能合理分开,使他们在比赛进行到较后轮次相遇。

(2)各协会应按水平由强至弱地排列其报名运动员和双打配对的顺序,并应与种子排名表的顺序一致。

(3)排名为第一和第二的选手应被抽入不同的半区,第三和第四号选手应抽入没有本协会第一、第二号选手所在的另两个1/4区。

(4)排名第五至第八号的选手应尽可能均匀地抽入没有前四号选手的1/8区。

(5)排名第九至第十六号的选手应尽可能地抽入没有前八号选手的1/16区,以此类推,直至所有报名的选手都进入适当位置为止。

(6)由不同协会的选手组成的男子双打或女子双打配对,应被视为属于在世界排名表上排名较高选手的协会;如果两名选手在世界排名表上无名,则被视为属于在相应的洲联合会排名表上排名较高的协会;如果两名选手均不在上述排名表内,则应被视为属于在世界团体赛排名表中排名较高的协会。

(7)由不同协会的选手组成的混合双打配对,应被视为属于男选手的协会。

(三)抽签前的准备工作

抽签前的准备工作内容很多,工作量很大,而且准备工作质量的好坏,直接关系到抽签工作的成败。

1. 接受报名、汇总报名

接受报名的目的是确定编排和抽签的对象,接受报名的工作非常重要,裁判长要亲自抓好接受报名的工作。在接受报名时应做到,任何变动都应有文字依据,并由专人保管。

(1)审核报名单。接到一份报名表后,首先应依据规则的规定认真进行审核,看看是否符合竞赛规程的有关规定,并对参赛选手进行资格审查。包括的内容有:各个单项参赛的人数、参赛选手的人名及其排列顺序,特别应注意竞赛规程中的特殊规定。

(2)汇总报名。汇总工作的目的是统计出各比赛项目的参赛队数、人(对)数,以便最终确定具体的抽签编排方案,同时也是赛会提供食宿等具体情况的依据,因此,要随时向组委会有关部门汇报报名的变更情况。某乒乓球比赛报名汇总表见表6-2。

表6-2 某乒乓球比赛报名汇总表

顺序	队名	男团	女团	男单	女单	男双	女双	混双	备注
1	***	1	1	5	4	2	2	4	
2	***	1	1	4	3	2	1	3	
3	***	1	1	5	4	2	2	4	

续表

顺序	队名	男团	女团	男单	女单	男双	女双	混双	备注
⋮	⋮	⋮	⋮	⋮	⋮	⋮	⋮	⋮	
28	＊＊＊	1	1	5	4	2	2	4	
29	＊＊＊	1	1	5	4	2	2	3	
30	＊＊＊	1	1	5	4	2	2	4	
总计		30	28	147	116	60	58	116	

(3)确定比赛办法。各参赛队的报名情况和竞赛规程中对竞赛办法的规定是准备抽签的两个基本依据。在实践中制定规程的主观设想与实际报名情况和比赛条件的变化会有一定的差距,因此在抽签前必须熟悉和吃透规程对比赛办法规定的精神,以便根据实际报名和比赛场地等情况,确定具体的比赛办法。例如:有24个队参加团体比赛,规程规定比赛采用两个阶段,第一个阶段为分组循环,第二个阶段为淘汰赛。因为24个队比赛分组循环时既可分8个组又可分4个组,一般情况下,比赛如果球台较多,日程较长时采用4个组进行比赛,反之则采用8个组进行比赛,但如果在竞赛规程中规定,第一阶段的比赛分4个组进行循环赛,则必须执行。

(4)确定种子数量和种子名单。采用单淘汰赛时,种子的数量一般是2的某次幂乘方数,且为该单项比赛报名选手总数的1/6至1/12;采用分组循环赛时,种子的数量应为循环赛小组数的倍数。一般情况下,如果对参赛人员的技术情况较了解时,可设置较多的种子,反之种子的数量应减少。

确定种子名单的方法是:在团体淘汰赛中,每个协会中排名最高的队才有资格按排名被列为种子;排列种子应按国际乒联最新公布的排名表为准。下列情况除外:

如果符合种子条件的报名选手(队)均来自同一洲的联合会,该联合会最新公布的排名表应优先考虑;如果符合种子条件的报名选手均来自同一协会,该协会最新公布的排名表应优先考虑;如果是基层的比赛,在有以往成绩的情况下,应根据以往的成绩确定种子;在某些非传统性或变迁较大的比赛中,如果种子名单很难确定,可以考虑由各单位该项比赛的第1号选手作为种子选手。

由于确定种子是一项较复杂,且较难精确的工作,所以在考虑种子序号时,以分批的方法为宜。例如:有16名种子,其序号不必从第1排到第16而简单列为第1号种子,第2号种子,第3、4号种子,第5~8号种子,第9~16号种子。

在每批种子内部不予具体区分种子的序号,而应作为批种子处理。这样既简化了确定种子的工作,又符合抽签的实际情况。

(5)准备抽签用具。目前国内常用的抽签方法有计算机抽签和卡片式抽签。

如果采用计算机抽签,赛前需要准备好电脑、投影设备,并应将每个项目的参赛队(选手)的具体情况输入电脑,确定每个项目的种子名单。由于计算机抽签的方法较固定,应注意输入名单的正确性,熟悉所使用的电脑程序,一般较易成功,抽签费时也相对较短,但因抽签的过程在参赛队看来过于简短,易怀疑其真实性。

如果采取卡片式抽签,赛前需要准备下述用具:

1)抽签的"签卡"。一般包括"名签"和"号签"。"名签"用来书写选手的姓名(种子选手),选手的协会序号(非种子选手),比赛队名、国名、地区名。每个项目的每个参赛队均有一张"名签"。"号签"书写位置号、组号、区号(1/2区、1/4区、1/8区)等。"名签"和"号签"应每个项目一套,并按照比赛的实际抽签顺序整理好。制作"签卡"的材料应不透光,在"签卡"的背面不能看见"签卡"正面的字样;"签卡"的背面的图案应完全对称,没有方向性,确保任何人不能从"签卡"的背面进行任何辨认。

种子选手"名签"举例:

非种子选手"名签"举例:

团队比赛种子队"名签"举例:

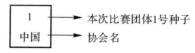

团队比赛非种子队"名签"举例:

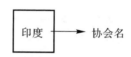

2)平衡控制表。平衡控制表是用较科学的方法通过贯彻"预见性"和"区别性"两项原则,解决好抽签工作中"机遇"和"控制"这对矛盾。在确定了适应某个

数量的号码位置的淘汰赛之后,上下半区、各个 1/4 区、各个 1/8 区……,可以容纳的选手数是固定的,而且原则上是平均分布的,各区之间差数不能超过 1。同样,在确定了参赛选手和单循环小组数之后,每个单循环小组的人数也是基本固定的,而且原则上是均匀分布的,各小组所容纳的队(人)数差值不能大于 1。因此在抽签时如果不进行控制,较后抽签的队(人)将会出现违反规则的情况,但过多的、不应该的控制,又会使抽签很不合理,甚至失去意义,所以必须较好地使用平衡控制表,使被控制的面最小,受控制的选手都是每个协会排名较后的选手。在正式抽签前,表内各项数字和符号应填好,并且核对无误,且每个项目应单独使用一张平衡控制表。

例如:有 55 人参加男子单打比赛,报名情况如下:A 队 6 人、B 队 5 人、C 队 4 人、D 队 4 人、E 队 7 人、F 队 2 人、G 队 5 人、H 队 4 人、I 队 3 人、L 队 7 人、M 队 2 人、N 队 6 人。规程规定:单项比赛进行单淘汰赛。可绘制 1/4 平衡控制表和 1/2 平衡控制表,分别见表 6-3 和表 6-4。

表 6-3 平衡控制表

1/2区	1/4区	1 A6	2 B5	3 C4	4 D4	5 E7	6 F2	7 G5	8 H4	9 I3	10 L7	11 M2	12 N6	1/4区 位置数	轮空数	固定数	机动数	1/2区 位置数	轮空数	固定数	机动数
1	1	●	○	○	○	●○	●○	○	○	●○	○	○	○	16	3	9	4	32	5	25	2
	2		●			●	●			●		●		16	2	9	5				
2	3	●				●	●			●			○	16	2	9	5	32	4	25	3
	4												○	16	2	9	5				

表 6-4 平衡控制表

1/2区	1 A6	2 B5	3 C4	4 D4	5 E7	6 F2	7 G5	8 H4	9 I3	10 L7	11 M2	12 N6	1/2区 位置数	轮空数	固定数	机动数
1	○	○	○	○	○	○	○	○	○	○	○	○	32	5	25	2
2	○	●	○	○	●	○	●	○	●	●	○	○	32	4	25	3

可以看到，1/2平衡控制表较1/4平衡控制表简单得多，在参赛人数不多或主抽人把握不大时，最好采用1/2平衡控制表。

二、编排

(一)编排的任务和目的

编排工作的任务是将各个项目所要进行的全部比赛，在一定的时间内，科学合理地安排在一定数量的球台上，按一定的秩序进行比赛，也就是确定全部比赛的日期、时间、台号。

编排好比战役的作战部署，编排方案影响到运动队、裁判组以及比赛各方面的工作人员和观众，影响到场馆、交通、住宿和其他各项保障工作的安排，更重要的是它在影响电视转播时，也影响着比赛的收益。编排工作的弹性很大，它是由裁判长根据各方面的情况和条件，用主观设想的方法解决问题，但其最终效果将由各方面的人员、各方面的工作来综合检验。因此，编排工作十分重要，它是比赛圆满完成的保证。

(二)编排的原则

编排工作的灵活性很强，主观因素的影响也较大，但在编排时一定要遵循下列原则：

1. 不能违反竞赛规程和比赛指令

比赛开始报名前，比赛主办单位应向各个有资格参赛的单位(协会)发放竞赛规程及比赛报名表，在竞赛规程中应说明比赛的日期、地点、项目、办法等内容。对于不符合国际乒联比赛规则和竞赛过程的内容，应在其中表述清楚，说明变动的性质和范围，凡提交报名单的单位(协会)应被视为同意包括更改的所有比赛条件。因此，在进行比赛编排时，应严格按照比赛的规程进行，如必须变动应征得所有参赛单位(协会)的同意。目前国际重大比赛前，国际乒联或洲联合会一般都要向承办协会发比赛指令，它包括对比赛日程的具体要求，是进行比赛编排必须参考的文件。

2. 不能连场

连场是指一名运动员在进行了一场比赛之后没有休息，马上进行下一场比赛。由于乒乓球比赛有5个单项，一般情况下单项比赛均同时进行，而运动员又要兼项，因此，应避免下列情况发生：女单比赛接女双比赛、男单比赛接男双比赛、女单比赛或女双比赛接混双比赛、男单比赛或男双比赛接混双比赛，否则将有可能发生连场。例如：8:00，1台至8台女单下半区，8:40，1台至8台女双上半区。

3. 不能重场

重场是指一名运动员在一张球台上进行比赛，同时他在另一张球台上还有比赛。在编排时一定要避免女单比赛和女双比赛、男单比赛和男双比赛、女单比赛或女双比赛和混双比赛、男单比赛或男双比赛和混双比赛同时进行，否则将有可能发生重场。例如：8:00，1台至8台女单下半区，8:00，9台至16台女双上半区。

（三）编排的基本要求

1. 保持运动队和选手合理的比赛强度

一个运动队、一名选手在一次竞赛中总的比赛量是由规程规定的比赛办法和实际报名的队数和选手数决定的，但一个运动队或一名（对）运动员在单位时间内的竞赛量则是由编排人员决定的。目前虽然国际竞赛规则中没有关于编排的规定，但一般来讲，在单项比赛中，未经选手本人同意，不得在一天内安排其参加超过7场7局4胜的比赛；不得在4小时一节的比赛中安排5场以上的5局3胜的比赛；不得在5小时一节的比赛中安排3场7局4胜的比赛。在团体比赛中未经参赛队长同意，不得在一天的比赛中安排一个队超过3次团体比赛。运动员两场比赛的间隔时间不得少于1场，也最好不多于3场，以保证运动员在基本恢复体力的前提下，不至于在赛场停留太久。由于比赛前对每个运动队和选手在比赛中可能取得的成绩，对每一场比赛的胜负结果无法预料，因此不应以主观判断作为确定一天或节比赛最大极限量的根据，而应立足于任何队、任何选手在每个项目的每次比赛中均有可能获胜，并以这样的原则来确定运动队和选手的最大极限量。

2. 努力适应和满足观众的兴趣和要求

目前比赛的观众可分为电视观众和现场观众，作为编排人员主要应考虑现场观众。第一，在一节比赛中要防止"清一色"，即只有男选手或女选手的比赛。由于混合双打易产生"连场"的问题，可以在观众比较少的时段单独安排。第二，每一节比赛中都应安排比较"精彩"的优秀运动员的比赛，而且应尽可能地将精彩的比赛分散安排在不同的时间和不同的球台上，应照顾全场的观众。第三，应在晚上的比赛和节假日的比赛中多安排些重要和精彩的比赛，特别是东道主的比赛。第四，要防止发生全场"空场"的现象。完成比赛所需要的时间在某种程度上取决于比赛的水平。在能够保持严格时间控制的小型赛事中，5局3胜制比赛安排20min，7局4胜制比赛安排30min是可以接受的。在重大比赛中，建议对以上两种比赛分别安排30min和50min，以避免比赛时间过长或者选手或赛场官员迟到造成的延迟。普通比赛，分别安排25min和40min是合理的。第五，防止出现"一头沉"的现象。"一头沉"即精彩的场次和早结束的球台全集中在场地的一侧,出现这种情况临场的裁判长应有预见地临时调动,以照顾观众的情绪。

3. 科学合理地使用比赛场馆

一般比赛开始时一个场地应尽可能多地放置球台,球台放置时应注意:便于观众观看,便于运动员参加比赛,便于裁判员工作。在编排时应在不违反规则时尽可能多地使用球台,但也应在必要时交替使用部分球台或留下一两张球台机动,以确保比赛及时结束。随着比赛的延续,所需要的球台越来越少,应分批逐渐减少球台,应事先将球台的变动情况报告场馆工作人员,以便事先准备好比赛场地。

4. 注意安排好男、女团体赛和各个单项比赛的决赛

目前重大比赛前,主办协会都会收到比赛指令,比赛指令中一般都较详细地指出各个项目决赛的具体时间,因此应严格按照比赛指令的要求去做。如果是没有比赛指令的比赛,应根据情况进行安排,一般情况都应将团体比赛的决赛和单项比赛的决赛分开进行,有条件时应将混合双打的比赛提前进行,以避免连场的现象发生。

5. 要完全符合竞赛规程的规定和尽量节约比赛的经费开支

竞赛规程规定的比赛办法是进行竞赛编排的基本依据,编排方案必须完全符合竞赛规程的各项规定。但在实际报名之后,如确实不能按原竞赛规程的方案进行比赛,必须由原制定规程的部门做出补充修改,裁判长和编排人员无权自行更改竞赛规程的规定。此外,编排时应采取各种有效的措施努力节约开支。

(四)编排工作的主要内容

设计编排方案:组织一次竞赛,编排方案的设计十分重要。一般情况下在设计编排方案时应考虑这次比赛的具体特点、竞赛日程、比赛方法、参赛队及选手的规模、场地和球台的数量、交通和住宿的条件等问题。

(五)编排的技巧及实例

1. 编排技巧实例1

循环小组可采取三个4队(人)小组包2张球台:

第1台　　　第2台
A1—A4　　 B1—B4
A2—A3　　 B2—B3
C1—C4　　 C2—C3

一个3队(人)小组和 一个4队(人)小组包一张球台:

第1台
A1—A4
A2—A3
B2—B3
以解决4队(人)小组循环必定有连场的现象。

2. 编排技巧实例2

一定要避免女子单打比赛接女子双打比赛,男子单打比赛接男子双打比赛,混合双打比赛接女子单打、女子双打、男子单打、男子双打比赛及同项目同一半区比赛相接的现象发生,如果有就有可能发生连场和重场的现象。

例如:
8:00　　1—8台　　男单1/8决赛
9:00　　1—8台　　男双1/8决赛

或

8:00　　1—8台　　男单1/8决赛
9:00　　1—4台　　男单1/4决赛

3. 编排技巧实例3

尽量减少队员在赛场停留的时间,既可保证运动员得到合理的休息,又便于维护赛场秩序。例如:

上午8:00男团　　10:00女团
下午14:00男团　　16:00女团

4. 编排技巧实例4

注意比赛指令,确保电视转播和决赛的时间。因此,在编排时一定要从固定的决赛时间向前编排。例如:目前世界锦标赛单项比赛,比赛的最后一天晚上进行男单、女双的决赛,倒数第二天晚上进行女单、男双决赛,倒数第三天晚上进行混双决赛,在此之前必须打完半决赛。

三、循环赛

(一)定义

单循环赛:参加比赛的队(人/对)之间轮流比赛一次(场)为单循环赛。
双循环赛:重复循环两次,即参加比赛的各方相互之间直接对抗两次。
优点:使参加比赛的各队(人/对)之间都能得到比赛机会,有利于通过比赛全面地互相交流学习;比赛结果的偶然性和机遇性少,能较准确地反映各参赛队(人/对)的技术水平,能较为合理地排出比赛名次。
缺点:场次多,比赛时间长;无法知道何时是冠亚军决赛;易产生打假球的现象。

(二)单循环赛的抽签

单循环赛目前在团体赛和单项比赛的第一阶段或单项比赛的预选赛中使用,除世界比赛的预选赛之外,一般比赛循环赛小组的数量应为 2^n 组,以便在第二阶段进行淘汰赛。组内的队(人/对)数一般应控制在 3 至 6 为宜,组与组之间的差值不能大于 1,而每个小组内队(人/对)数的多少,应根据比赛的目的、时间、球台数等具体情况来确定,如果比赛的目的是选拔运动员,比赛的时间较长,球台较多,应少设比赛小组,每个比赛小组内的队(人/对)数较多,否则,应多设比赛小组,每个比赛小组的队(人/对)数较少。

1. 团体赛的抽签方法

每个单位只出一支队伍参加比赛,因此在抽签时不用考虑同单位合理公开的原则,只需按照上一届比赛的名次,根据循环小组的多少,采取蛇形排列的方法进行抽签。例如,16 支队伍参加比赛,计划分 4 个循环小组进行比赛,可按下列方法进行抽签(数字代表上一届比赛的名次):

A	B	C	D
1	2	3	4
7—8		5—6	
9—10		11—12	
15—16		13—14	

即上届比赛的第 1—4 名,分别直接进入 A,B,C,D 四个小组,上届比赛的 5—6 名抽签进入 C 或 D 组,7—8 名抽签进入 A 或 B 组,依此类推,直至将所有的参赛队都抽入各个循环赛小组。但如果有单位报两个以上的队参加比赛,原则上应将他们抽入不同的循环赛小组(队数不大于组数时),除非组委会另有规定,并征得各个参赛队同意。

2. 单项比赛的抽签方法

单项比赛时,由于每个队可有多名运动员参赛,且各个队参赛的人数又不相同,因此,循环赛小组的抽签方法比较复杂。在抽签时必须考虑到将各队的队员合理分开,组与组之间的差额不能大于 1,除非组委会另有规定,并征得各个参赛队同意。

抽签步骤:

(1)认真核对报名表。认真核对每个参赛队每个单项的名单及其队内排名。

(2)确定种子。根据比赛规定的确定种子的办法,确定每个单项的种子及其种子批号。如世界级单打比赛应依根据最新公布的世界排名确定种子,双打比赛则不能依据两名运动员的单打排名之和确定种子,而应根据排名委员会对每对双打选手的排名而定。

(3)种子选手的抽签。根据循环小组的组数及种子的个数,将种子分批按蛇形排列的方法抽入各个循环小组,方法与团体赛基本相同,但也要考虑同队队员合理分开的问题。

(4)非种子的抽签。按一定的顺序,将非种子队员合理分开,并应避开同队的种子队员。非种子队员的抽签顺序,可按报名先后、队名的汉语拼音顺序、队名的笔画顺序、团体赛的名次、报名人数多少等方法进行抽签。抽签前应根据每个单项循环小组的数量及报名参赛的人数,计算每个循环小组的人数,为报名人数等于循环小组数的队预留好位置。在抽签过程中,应按顺序进行抽签,在抽每个队的签之前,应注意该队已抽入各组的种子队员的位置,该队的人数及每个循环赛小组人数与已进入的该组人数之差,确定要抽签的队员可以进入的循环赛小组,以免违反抽签原则的情况发生。

(三)单循环赛的编排

1. 比赛顺序轮转表

为确保比赛的顺利进行,首先要排出比赛顺序轮转表。乒乓球比赛采取的是"一号位固定,其他号位逆时针旋转"的方法。按参加比赛的队(人/对)数从数字号码"1"开始按左面由上而下,右面由下而上排列成双列。如8个队第一轮的排列如下:

(一)
1—8
2—7
3—6
4—5

第二轮是"1"号位固定不动,其他号位按逆时针方向旋转一个位置,直到恢复第一轮的前一轮为止。如果参加的队(人对)数是单数,最后用"0"补成完整的双列,如9个队的排列如下:

(一)	(二)	(三)	(四)	(五)	(六)	(七)	(八)	(九)
1—0	1—9	1—8	1—7	1—6	1—5	1—4	1—3	1—2
2—9	0—8	9—7	8—6	7—5	6—4	5—3	4—2	3—0
3—8	2—7	0—6	9—5	8—4	7—3	6—2	5—0	4—9
4—7	3—6	2—5	0—4	9—3	8—2	7—0	6—9	5—8
5—6	4—5	3—4	2—3	0—2	9—0	8—9	7—8	6—7

但目前国际比赛循环赛是依据一定的原则进行调整的:

(1)一个小组内的比赛顺序通常选定为在特定的时间内进行特定的比赛,一种计划顺序是先定好最后一轮的场次,然后再倒推出循环赛前面几轮的场次。

(2)在世锦赛、残疾人奥运会和国际公开赛的预选赛阶段,选手按当前世界排名从高到低分配到各小组中,同时要考虑按协会分隔的需要。这些初始位置之后被用于决定比赛顺序。如果一位选手将从小组晋级,则最后一轮的比赛将在最初排名第一和第二的两位选手间进行;若两位选手将从小组晋级,则最后一轮的比赛将在最初排名第二、第三的两位选手间进行。

(3)在小组成员没有最初排名的情况下可考虑其他因素来决定比赛顺序。例如,一个小组内可能有数名来自同一俱乐部或协会的成员,或有其他共同利益的选手。为了避免选手有相互作弊的现象发生,如一位放弃从小组晋级希望的选手故意输掉与来自同一协会队员的比赛以增加该选手的获胜机会,在这类选手之间的比赛最好在比赛计划中尽早进行。

2.单循环赛轮数和场数(次)的计算

轮数和场数是进行编排的基本依据,必须计算准确。

(1)如果比赛只有一组,其计算方法如下:

轮数的计算:各队(人)普遍出场一次(场)为一轮。但队(人)数为奇数时,轮数＝队(人)数;当队(人)数为偶数时,轮数＝队(人)数－1。例如:7个队参加比赛,轮数＝7;8个队参加比赛,轮数＝8－1＝7。

场(次)数的计算:参加比赛的队,每两队比赛一次为一次;参加比赛的人,每两人中赛一次为一场。

$$场(次)数＝人(队)数×[人(队)数－1]/2$$

例如:7个队和8个队参加比赛,比赛的轮数都是7轮,但由于7个队比赛时有轮空的场次,因此他们比赛的次数并不相同。

7个队比赛:次数＝7×(7－1)/2＝21次。

8个队比赛:次数＝8×(8－1)/2＝28次。

(2)如果采取分组单循环赛,且各组的队(人)数相同,轮数就等于一个小组的轮数,如果各组的队(人)数不同,轮数就等于队(人)数最多的一个小组的轮数。例如:18个队参加比赛,分4组进行循环赛,18/4＝4余2,则2个小组4个队,比赛轮数为4轮;2个小组5个队,比赛轮数为5轮。因此,分组循环赛的轮数应按5轮计算。场(次)数等于各组场(次)之和。上例中,4个队组的比赛次数为4×(4－1)/2＝6次,2个4个队的组为2×6＝12次,5个队组的比赛次数为5×(5－1)/2＝10次,2个5个队的组为2×10＝20次,则分组循环赛的总次数为12＋20＝32次。

3.单循环赛《秩序册》实例

6个队参加男子团体比赛,编排结果见表6－5。

表6-5 6个队的男子团体比赛编排结果

	A	B	C	D	E	F	积分	胜负比率	名次
A	*								
B	27日 (2) 14:00	*							
C	27日 (1) 8:00	26日 (1) 14:00	*						
D	26日 (2) 19:00	27日 (3) 8:00	26日 (3) 8:00	*					
E	26日 (3) 14:00	26日 (2) 8:00	26日 (1) 19:00	27日 (1) 14:00	*				
F	26日 (1) 8:00	26日 (3) 9:00	27日 (3) 14:00	26日 (2) 14:00	27日 (2) 8:00	*			

(四)单循环赛名次的确定

确定单循环赛的名次是单循环比赛中重要的一环,裁判长必须亲自抓好此项工作,出现任何偏差,都会影响整个比赛的进程。确定名次应按以下步骤进行:

(1)按积分确定名次,积分多者名次在前。积分按胜一场(次)得2分,负一场(次)得1分,未出场比赛或未完成比赛输的场次得0分计算。

(2)如果有两个或两个以上的队(人)积分相同,他们有关的名次应按他们相互之间比赛的成绩决定。首先,计算他们之间获得的积分,再根据需要计算某个队的场次(团体赛时)、局和分的胜负比率,直至算出名次为止。场次比率=胜场数/负场数,局数比率=胜局数/负局数,分数比率=胜分数/负分数。

(3)如果在任何阶段已经决定出一个或更多小组成员的名次后,而其他小组成员仍然积分相同,为计算相同分数成员的名次,根据上述程序继续计算时,应将已决定出名次的小组成员的比赛成绩删除。

(4)如果按照上述3条所规定的程序,仍不能决定某些队(人)的名次时,这些队(人)的名次将由抽签来决定。

例6-1 6个人参加男子单打比赛共打5轮,15场。其比赛成绩见表6-6。

表6-6　男子单打比赛成绩表

	A	B	C	D	E	F	积分	胜负比率	名次
A	*	4:1	3:4	4:2	4:3	3:4			
B	1:4	*	4:0	3:4	2:4	1:4			
C	4:3	0:4	*	0:4	4:2	4:2			
D	2:4	4:3	4:0	*	4:1	3:4			
E	3:4	4:2	2:4	1:4	*	4:1			
F	4:3	4:1	2:4	4:3	1:4	*			

(1) A,C,D,F 四个队的积分相同(均为 8 分),为前四名,E 队积 7 分为第 5 名,B 队积 6 分为第 7 名,根据规则规定,去除已确定名次的队(E 队和 B 队)的成绩,再计算积分相同的队的名次。

(2) A,D 两队积分相同;C,F 两队积分相同,且 C,F 两队的积分大于 A,D 两队的积分,因此,C,F 应为第一和第二名,A,D 为第三和第四名。

(3) 在 A,D 之间的比赛,A 胜 D,因此,A 为第三名,D 为第四名;在 C,F 之间的比赛,C 胜 F,因此,C 为第一名,F 为第二名。

该比赛积分及最终排名情况见表 6-7。

表6-7　男子单打比赛成绩表

	A	B	C	D	E	F	积分	胜负比率	名次
A	*	4:1	3:4	4:2	4:3	3:4	8/4/2		3
B	1:4	*	4:0	3:4	2:4	1:4	6		6
C	4:3	0:4	*	0:4	4:2	4:2	8/5/2		1
D	2:4	4:3	4:0	*	4:1	3:4	8/4/1		4
E	3:4	4:2	2:4	1:4	*	4:1	7		5
F	4:3	4:1	2:4	4:3	1:4	*	8/5/1		2

例 6-2　有一个小组由三个队进行单循环比赛,比赛成绩见表 6-8。

表6-8　单循环比赛成绩表

	A	B	C	积分	胜负比率	名次
A	*	2:3	3:1	3	5/4	1
B	3:2	*	2:3	3	5/5	2
C	1:3	3:2	*	3	4/5	3

A,B,C 三队的积分完全相同,根据规则计算他们之间的场次比率:

$$A=(2+3)/(3+1)=5/4$$
$$B=(3+2)/(2+3)=5/5$$
$$C=(1+3)/(3+2)=4/5$$

因为 5/4＞5/5＞4/5，所以 A 为第 1 名，B 为第 2 名，C 为第 3 名。

四、淘汰赛

(一) 定 义

淘汰赛是乒乓球竞赛的一种基本比赛办法。是将所有参加比赛的选手(队)编排成一定的比赛秩序,由相邻的两名选手(队)进行比赛,败者淘汰,胜者进入下一轮比赛,直到淘汰最后一名选手(队),这个选手(队)就是本次淘汰赛的冠军。

优点：

(1)比赛双方具有强烈的对抗性,既没有妥协的可能,也不受第三者的影响或去影响第三者,非胜即败,败一次即失去了继续比赛的权利。

(2)可容纳较多的选手(队)参加比赛,需要的时间短、场地少。

(3)比赛逐步走向高潮,并在最高潮的一场比赛——冠亚军决赛后结束整个比赛。

缺点：大部分选手(队)的比赛场次少,机遇性强,名次的合理性差。

(二) 淘汰赛的抽签

1. 单循环赛号码位置数的选择

为保证除第一轮之外,每一轮的比赛选手人(队)数都是 2 的倍数,就必须让第一轮的位置数为 2^n。因此,第一轮的位置数应为大于报名人(队)数的最小的 2^n,多余部分用轮空来补足。例如:31 人参加比赛,单淘汰赛的号码位置数应选择 $32=2^5$；54 人参加比赛,单淘汰赛的号码位置数应选择 $64=2^6$。

2. 单淘汰赛轮数和场数的计算

如果参赛选手的人(队)数为 R,而号码位置数为 2^n,则单淘汰赛的轮数等于 n,场数等于 $R-1$。

例如:31 人参加比赛时,$R=31$,号码位置数为 $32=2^5$；轮数＝5；场数＝31－1。

3. 轮空、轮空数与轮空位置

(1)轮空：在单淘汰赛的第一轮,由于参赛人数在大多数情况下都不等于 2^n,而要保证除第一轮外,每轮比赛的人(队)数均为偶数,就必须补足位置使第一轮的位置数刚好等于 2^n,补足的虚设参赛选手就叫作轮空。

(2)轮空数:虚设的参赛选手的数量就是轮空数。轮空数＝号码位置数－参赛选手数。例如:1人参加比赛,轮空数＝32－31＝1。

(3)轮空位置:虚设参赛选手的号码即为轮空位置。轮空位置的分布应是均匀的,各区之间的差值不得大于1。比赛前可从轮空位置表(见表6－9)上查出所需要的轮空位置。

表6－9 轮空位置表

2	255	130	127	66	191	194	63
34	223	262	95	68	159	226	31
18	239	146	111	82	275	210	47
50	207	278	79	114	143	242	15
10	247	138	119	74	183	202	55
42	215	270	87	106	151	234	23
26	231	154	103	90	267	218	39
58	199	186	71	122	135	250	7
6	251	134	123	70	187	198	59
38	219	266	91	102	155	230	27
22	235	150	107	86	271	214	43
54	203	182	75	118	139	246	11
14	243	142	115	78	279	206	51
46	211	274	83	110	147	238	19
30	227	158	99	94	263	222	35
62	195	190	67	126	131	254	3

查表方法:首先确定号码位置数和轮空数,然后按照轮空数,依次从左到右摘出小于比赛位置数的号码即为轮空号码。例如:54人参加比赛,应选择64为号码位置数,轮空数＝64－54＝10,即有10个轮空位置,查表得:2,63,34,31,18,47,50,15,10,55为轮空位置。

4.种子、种子位置

(1)种子:为了部分地克服单淘汰名次的不合理性,一般采取在抽签前根据一定的原则确定一些参赛选手为强手,在抽签时按照规则将他们避开,尽量晚些相遇,而最强的两位选手则最后相遇。这些被特定安排的强手就是"种子"。

(2)种子位置:种子所在的号码位置即为种子位置。种子位置的分布应是均匀的,各区之间的差值不得大于1。比赛前可从种子位置表(见表6－10),上查出所需要的种子位置。

表 6-10　种子位置表

1	256	129	128	65	192	193	64
33	224	261	96	97	260	225	32
27	240	145	112	81	276	209	48
49	228	277	80	113	144	241	26
9	248	137	120	73	184	201	56
41	232	269	88	105	152	233	24
25	226	153	104	89	268	227	40
57	200	185	72	121	136	249	86

按比赛所设的种子数目,依次逐行从左到右摘出小于或等于比赛号码位置数的号码,即为种子位置号码。例如,有54人参加比赛,号码位置数为64,比赛设8名种子,依次为1,64,33,32,27,48,49,26。

从种子位置表和轮空位置表可以看出轮空位置正好在种子位置的旁边(如果轮空数不大于种子数),这是因为种子选手有优先轮空的资格,因此,知道其中一种就很容易找到另外一种。

5. 抽签的方法和步骤

(1)核对报名表。

(2)计算轮空数,查表确定轮空位置。

(3)确定种子名单,查表确定种子位置。

(4)填写抽签平衡控制表。

(5)从号码中找出轮空号码,并从号签中取出轮空号签。

(6)从号签中找到种子号签,并分批与种子名单一起放好。

(7)种子分批抽签,直接定位。

(8)非种子选手进入1/4区或1/2区。

(9)非种子选手定位。

为了便于表述,现举例进行讲述。

例 6-3　有25人参加国际乒联青少年职业巡回赛(成都站)的男单比赛。报名情况如下:中国6人,日本5人,中国香港4人,美国4人,韩国3人,英国2人,波兰1人。

(1)经核对报名单准确无误,号码位置数=32。

(2)轮空数32-25=7,轮空位置:2,31,18,15,10,23,26。

(3)确定种子名单如下:1号种子,中国1号;2号种子,日本1号;3~4号种子,中国2号、韩国1号。种子位置:1,32,27,26。

(4)绘制1/2平衡控制表见表6-11。

第六章 乒乓球竞赛规程与组织编排

表 6-11 平衡控制表

1/2区	1	2	3	4	5	6	7	1/2区			
	中国6	日本5	中国香港4	美国4	韩国3	英国2	波兰1	位置数	轮空数	固定数	机动数
1	○ ○ ○ ●	○ ○ ○ ●	○ ○ ○	○ ○ ○	○ ●	○ ●		16	3	11	2
2	○ ○ ○	○ ○	○ ○	○ ○	○	○		16	4	11	1

(5) 从号签中取出 2,31,18,15,10,23,26。

(6) 从号签中取出 1,32,27,26，并与种子名签放在一起。

(7) 种子选手直接定位，中国1号直接进入1号位；日本1号直接进入32号位；3~4号种子由于中国1号已在上半区，所以中国2号只能在下半区，下半区的种子号位是27，故韩国1号只能进入26号位。抽签结果如下：

1　中国1号
26　韩国1号
27　中国2号
32　日本1号

(8) 非种子选手进区，先抽中国队，中国3号下半区，中国4号上半区，中国5号上半区，中国6号下半区，以此类推，直到最后一个队。并在表6-12所示控制表上标出。

表 6-12 平衡控制表

1/2区	1	2	3	4	5	6	7	1/2区			
	中国6	日本5	中国香港4	美国4	韩国3	英国2	波兰1	位置数	轮空数	固定数	机动数
1	① ④ ⑤	② ● ④	① ④	② ③	① ●	② ●		16	3	11	2 1 0
2	② ③ ⑥	① ● ③	② ③	① ④	② ●	① ●		16	4	11	1 0

整理得表 6-13。

表 6-13 平衡控制表

1/2区	1 中国6	2 日本5	3 中国香港4	4 美国4	5 韩国3	6 英国2	7 波兰1	1/2区 位置数	轮空数	固定数	机动数
1	①④⑤	②④	①④	②③	①	②		16	3	11	2 1 0
2	②③⑥	①③	②③	①④	②	①		16	4	11	1 0

非种子选手抽签决定 1/4 区,中国 1 号在 1/4 区,中国 4 号只能在 2/4 区,中国 5 号抽入 2/4 区,以此类推,直至将所有选手抽完,结果见表 6-14。

将非种子选手抽签定位。1/4 区包括 1 至 8 号位,1 号位中国 1 号,2 号位为轮空位置,由于日本 5 号和日本 2 号同在 1/4 区,因此必须把他们分在不同的 1/8 区,1/8 区包括 3 号位和 4 号位,2/8 区包括 5 至 8 号位,抽签结果日本 5 号在 3 号位,日本 2 号在 8 号位,以此类推,直到全部抽签结束,结果见表 6-15。

表 6-14 平衡控制表

1/2区	1 中国6	2 日本5	3 中国香港4	4 美国4	5 韩国3	6 英国2	7 波兰1	1/2区 位置数	轮空数	固定数	机动数
1	①	⑤ ②	①	②	③	②		8	1	7	
2	④ ⑤	④	④	③	①			8	2	6	
3	② ⑥	③	②	①				8	2	6	
4	③	①	③	④	②		①	8	2	6	

表6-15　国际乒联青少年职业巡回赛(成都站)男单抽签结果

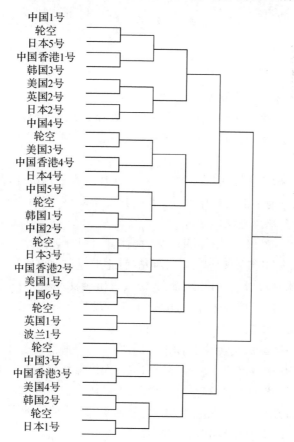

(三)淘汰赛的编排

一项比赛的单淘汰赛编排比较容易,在编排时一定要注意,宁愿空出球台,也不要将上下半区的选手安排在同一时间比赛,因为如果没有其他项目做间隔,极有可能出现连场的情况。如果有不同的单项同时开始比赛,就要把混双比赛单独安排在一个时间段集中进行,把男单和女双、女单和男双结合起来安排,这样既可以避免连场和重场的现象发生,又可以活跃气氛,增加某个时段比赛的观赏性。

参 考 文 献

[1] 苏丕仁.乒乓球运动教程[M].北京:高等教育出版社,2004.
[2] 刘建和.乒乓球教学与训练[M].长沙:湖南文艺出版社,2001.
[3] 中国乒乓球协会.乒乓球竞赛规则(2016)[M].北京:人民体育出版社,2017.
[4] 唐建军.乒乓球技巧图解[M].北京:北京体育大学出版社,2005.
[5] 国家体育总局干部培训中心.高水平竞技运动科学训练研究[M].北京:北京体育大学出版社,2008.
[6] 樊临虎.体育教学论[M].北京:人民体育出版社,2002.
[7] 虞荣安.新编乒乓球教程[M].西安:西北工业大学出版社,2011.
[8] 毛振明.体育教学论[M].北京:高等教育出版社,2005.
[9] 国家体育总局青少年体育司,国家体育总局乒乓球羽毛球运动管理中心.乒乓球[M].北京:人民体育出版社,2018.
[10] 李明芝.乒乓球、羽毛球、网球[M].北京:清华大学出版社,2019.
[11] 张博.乒乓球技术原理新探[M].北京:人民体育出版社,2004.
[12] 张博.乒乓球步法的技巧[M].北京:人民体育出版社,2004.
[13] 国家体育总局《乒乓长盛考》研究课题组.乒乓长盛的训练学探索[M].北京:北京体育大学出版社,2002.
[14] 李春意.多球训练法在乒乓球初学者技术学习中的运用[J].齐齐哈尔师范高等专科学校学报,2014(5):37-38.
[15] 施之皓.现代乒乓球运动教程:基本理论与技战术[M].北京:高等教育出版社,2018.